그러니
힘들 수밖에

그러니 힘들 수밖에

발행일 2019년 11월 29일

지은이 김신웅
펴낸이 손형국
펴낸곳 (주)북랩
편집인 선일영
편집 오경진, 강대건, 최예은, 최승헌, 김경무
디자인 이현수, 김민하, 한수희, 김윤주, 허지혜
제작 박기성, 황동현, 구성우, 장홍석
마케팅 김회란, 박진관, 조하라, 장은별
출판등록 2004. 12. 1(제2012-000051호)
주소 서울특별시 금천구 가산디지털 1로 168, 우림라이온스밸리 B동 B113~114호, C동 B101호
홈페이지 www.book.co.kr
전화번호 (02)2026-5777
팩스 (02)2026-5747

ISBN 979-11-6299-991-2 03180 (종이책)
979-11-6299-992-9 05180 (전자책)

이 도서의 국립중앙도서관 출판예정도서목록(CIP)은 서지정보유통지원시스템 홈페이지(http://seoji.nl.go.kr)와 국가자료공동목록시스템(http://www.nl.go.kr/kolisnet)에서 이용하실 수 있습니다.
(CIP제어번호: 2019048380)

김신웅 심리상담 에세이

그러니 힘들 수밖에

"우리는 혼란을 해결하는 과정에서
많은 것을 깨달아 갈 수 있다."

북랩book Lab

서문

-혼란한 자는 복이 있다

정신의학자 스캇 펙(Morgan Scott Peck, 1936~2005) 박사의 책에 이런 이야기가 나온다. 어느 날 내담자가 찾아와 자신이 상당히 혼란스럽다고 이야기한다. 그러자 스캇 펙은 "멋진 일이군요!"라면서 그 이유를 설명한다. 예수가 설교할 때 처음으로 한 말이 "심령이 가난한 자는 복이 있나니…."였다고 한다. 그러면서 하는 말이 "'심령이 가난한'이란 말을 정신적인 면에서 가장 좋게 해석하면 '혼란스럽다.'"라고 했다.

따라서 혼란한 자는 복을 받은 자이다. 왜냐하면, 혼란이야말로 정신적 해명을 필요로 하고, 우리는 혼란을 해결하는 그 과정에서 많은 것을 깨달아 갈 수 있기 때문이다. 실제로 많은 내담자가 오늘도 심리상담 과정에서 이러한 진실을 배우고 있다.

나의 경우에도 마찬가지였다. 이 책은 내가 심리상담에 참여하여 선생님에게 오랜 상담을 받으며 얻게 된 배움의 기록이다. 나도 한때는 매우 혼란스러운 상태를 살아내야 했다. 그러나 처음에는 힘들었지만, 내가 나 자신의 혼란에 책임이 있다는 것을 깨닫자 치료는 일사천리로 진행되었다.

따라서 이 책에서 하는 이야기들도 나의 혼란을 풀어 가며 깨닫게 된 내용이다. 어째서 내 삶이 그토록 외롭고 공허했는지, 매사에 만족하지 못하고, 하는 일마다 실패감을 맛보았는지 알게 되었다. 선생님과 상담을 하며 내 마음속의 짐이 조금씩 가벼워지는 것을 느꼈다.

이 책은 심리상담의 전 과정, 즉 장기간의 심리상담인 10년 동안 나의 내담자 경험을 통해 상담의 핵심을 정리한 것이다.

우리는 처음에 상당히 괴롭고 우울감이 지속되는 상태에서 상담실을 방문한다. 그곳에서 처음으로 따뜻하고 수용적인 상담가와 만난다. 곧 혼란스러운 자신의 삶과 만나게 되고, 초심자의 행운이 따라 상태가 금세 호전된다. 그러나 상담이 지속되면서 또 한 번의 수고를 할 것이 우리에게 요구되는데, 그때 많은 내담자가 저항이라는 것을 한다. 다행히도 사람들은 상담가와 그동안 쌓은 깊은 신뢰 관계를 바탕으로 두려운 이 장벽을 넘어서게 된다.

이 부분이 상담의 절정 모습이다. 많은 내담자가 겪게 되지만, 쉽게 넘어서지 못하는 지점이다. 책에는 이 과정을 뛰어넘은 나의 경험을 많이 이야기했다. 나의 경험에 견주어 많은 사람이 그 과정을 잘 헤쳐갈 수 있기를 진심으로 바란다.

따라서 나는 이 책을 젊은 청춘들이 많이 읽었으면 좋겠다. 왜냐하면, 요즘 심리적으로 힘들어하고 자신의 삶을 부담스러워하는 젊은이가 많은데, 자신의 마음 관찰과 치유 및 심리상담은 보다 젊을 때 시작하면 그 경과가 훨씬 좋기 때문이다.

이 책이 독자들에게 줄 수 있는 최고의 장점은 우울하고 지쳐 있는 삶에서 벗어나게끔 동기 부여를 해 준다는 점이다. 또한, 이것이 내가 작가로서 독자에게 선사할 수 있는 가장 큰 강점이기도 할 것이다.

우리의 마음으로 인해 스스로 무너지지 말자. 그리고 두려움에도 불안해하지 말고, 맞서 싸워나가자. 삶은 사실 자세히 살펴보면 두려워할 것이 많지 않다. 우리, 좀 더 용기를 내자. 그래서 모두 언젠가는 가슴이 떨리는 삶을 살고, 또 언젠가는 자신의 삶이 정말 아름답다고 말할 수 있는 삶을 살자.

목차

깨우침 둘

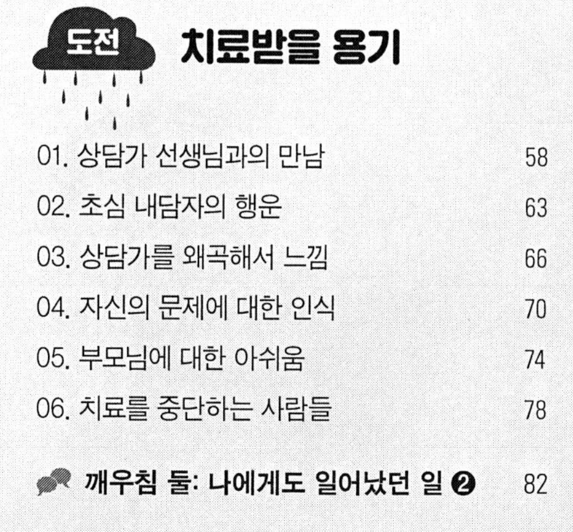

치료받을 용기

깨우침 셋

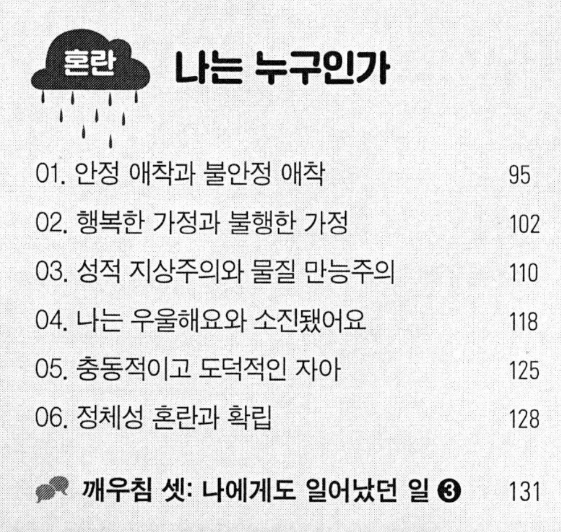

나는 누구인가

깨우침 넷

저항 머무르고픈 유혹

깨우침 다섯

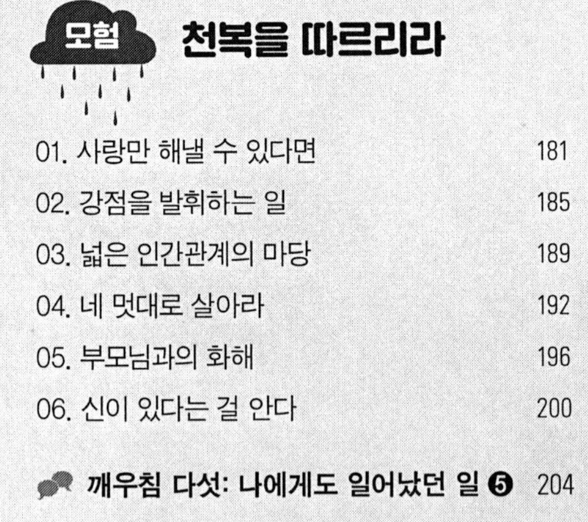

천복을 따르리라

깨우침 여섯

치유 제2의 탄생

깨우침 하나

전 괜찮습니다

그는 그러기로 동의했으나 곧바로 덧붙였다. "저에게는 선생님에게 말씀드릴 문제 따위는 없습니다." 그것이 나에게 경고가 될 수도 있었다. 내가 대답했다. "그럼 좋습니다. 이제 우리는 당신의 꿈을 살펴보기로 합시다." "나는 꿈같은 것은 꾸지 않습니다."라고 그가 말했다. 내가 다시 대답했다. "당신은 곧 어떤 꿈을 꾸게 될 것입니다."

- 칼 융(Carl Gustav Jung, 1875~1961)

우리는 건강할 때 건강을 모른다. 정신의 건강도 마찬가지다. 특별한 사정이 없는 한 우리는 평범한 가정에서 양육되어 건강하게 성장한다. 그런데 현대에 들어서서 건강하지 않은 가정이 늘어나면서 우리의 정신 건강을 위협하고 있다.

그렇게 좋지 않은 환경에서 아이들이 양육되어 청소년으로 성장해 나갈 경우 점차로 사람에게는 심리적인 문제가 나타나기 시작한다. 요즘 사람들이 매사를 곧잘 예민하게 생각하게 되는데, 현대 사회는 복잡화되어 있어 많은 사람이 그런 성격을 소유하게 되었다. 이것은 신경증으로 이어질 가능성이 매우 높다. 훌륭한 분석심리학자인 칼 융은 신경증이란 마땅히 겪어야 할 것을 회피한 결과로 앓게 되는 현대인의 대표적인 정신 질환이라고 하였다.

그러니까 현명한 사람은 적절한 때 신호가 주어지는 것을 받아들여서 자신의 정신적인 혼란을 치유한다는 것이다. 그런데 많은 수의 사람이 그러질 못한다. 그래서 사람들이 청소년 시절을 거쳐 성인 초기가 되면서부터 특정 성격으로 고착되는 경우가 늘어나고 있다.

성격장애가 그 대표적인 예다. 성격장애의 특성은 문제와 갈등이 생겼을 경우에 자신에게는 아무런 문제가 없다고 생각한다는 점이다. 그러니까 신경증은 "나 때문에 문제가 생겼어요."라고 말하는 반면에, 성격장애는 "다른 사람과 세상이 문제가 있어요."라고 말한다는 것이다. 이것은 주변 사람들을 매우 괴롭게 한다.

그런데 더 큰 문제는 성격장애의 경우에는 자신에게 문제가 없다고 보기 때문에, 이들은 심리상담 장면에 거의 참여하지 않는다는 점이다. 그래서 이들의 성격은 더욱 고착되고, 치유는 힘들어진다. 만약 상태가 더 안 좋아지는 사람의 경우에는 정신증으로 더 악화하는 우를 범할 수 있다.

"전 괜찮습니다."라고 말하는 건, 역설적으로 그리고 사실적으로는 그들이 괜찮지 않다는 반증이다. 정신 치료에는 이런 말이 있다. "치유는 사람들이 얼마나 현실을 정확히 그리고 정직하게 받아들이도록 돕는 과정이다." 그렇다. 우리가 일시적으로 두렵더라도, 정신세계를 탐험하는 것에 경험이 많은 전문가의 도움을 받아서 우리의 세계관을 펼쳐 보이는 용기를 내는 것이 자신에게 훨씬 이득이라는 점이다.

1장에서는 대표적인 성격장애 유형에 대해 살펴보고, 그들의 특성, 행동 양식 및 대인 관계 패턴을 알아보려고 한다. 그리고 그들이 왜 그런 성격을 갖게 될 수밖에 없었는지를 생각해 보고자 한다.

01
세상을 믿지 못하겠어요

성격장애에 처음으로 등장하는 유형으로 편집성 성격장애라는 것이 있다. 이들의 특성은 사람을 믿지 않는다는 것이다. 사람이 살아간다는 것은 사람과의 만남과 신뢰를 전제로 하는데, 이 유형의 사람은 기본이 지켜지지 않는다. 그래서 이 유형의 사람과 함께 생활하고 알고 지내는 사람은 심한 곤욕을 치르게 된다.

이들은 사람을 믿지 않기 때문에 대상이 되는 사람을 끊임없이 의심하고 테스트한다. 이것은 웬만한 사람들에게는 상당한 스트레스로 다가온다. 만약 이 유형의 사람을 직장 속에서 상사로서 만나게 될 경우에는, 상당한 자기 인식 및 조절이 필요하다. 마치 한겨울에 살얼음판 위를 걷는 것처럼 위태로운 처지라고 할 수 있다.

그리고 이 유형의 사람을 부모로 둔 자녀들은 성장하면서 상당한 고통을 겪게 된다. 이들은 밖에서는 자신을 왜곡하고 남을 속일지는 몰라도 가정에서는 본인 그대로의 모습을 보여 준다. 자녀들에게 이중 신호를 보냄으로써 자녀조차 믿지 못하는 모습을 나타낸다. 이중 신호라 함은 겉으로는 "창문을 열어라."와 같은 말을 하지만 속으로는 반대의 마음을 지닌 것을 뜻한다. 이런 이중 신호 속에서 아이들이 자라게 되면 정신증에 걸릴 확률이 높아진다.

이들은 타인과 갈등이 생겼을 때 자신에게는 털끝만큼도 잘못이 없다고 여기기에, 게다가 남을 믿지 않기에 상대방을 탓하고 그들을 증오하고, 심할 경우에는 복수를 꿈꾼다. 이들이 좋아하는 건 싸움이고, 사회적으로는 법적 소송이다. 이들은 조금도 물러설 마음이 없기에 세상을 전쟁터로 인식하며 삶을 살아간다.

정신분석에 '전이'라는 용어가 있다. 많은 사람이 자주 들어봐서 잘 아는 단어일 텐데, 내 안에 있는 것을 상대에게 있다고 몰아세우는 게 전이다. 이 유형의 사람들이 보통 자신에게는 잘못이 전혀 없다고 생각하기에 남을 그렇게도 괴롭힌다.

이런 사람들이 세상에 얼마 없을 것으로 생각할 수 있는데, 잘 찾아보면 의외로 많다. 이들은 자신과 세상을 바라보는 눈이 투명하지 않기 때문에, 세상 사람들 대부분과 세상을 왜곡해서 나쁜 쪽으로 해석한다.

특히 이들은 사람을 잘 신뢰하지 않기 때문에, 타인과 갈등이 생겼을 때 그걸 별로 중요하게 생각하지 않는다. 보통 사람들은 타인과 갈등이 생기면 막상 지금 해야 할 것도 잘 못 하는데 이들은 그렇지 않다. 그래서 이들은 자신에게 주어진 과제나 공부 등에 의외로 집중을 잘한다. 보통의 사람이라면 갈등 속에서 고통을 겪음으로써 이전보다 지혜롭고 깨달음을 얻게 된다면, 이들은 그 반대다. 따라서 이들은 개인적으로는 미성숙하고, 회사에서는 보통 높은 직위에 올라가 있는 경우가 많다.

또한, 이 유형을 애인으로 둔 경우에는 처참한 경험을 하게 된다. 이들은 애인을 조종하려고 들기 때문에 안정적인 연애를 생각하고 사귀려 들 경우에는 끊임없는 시험에 들게 된다. 이 유형의 사랑이 극단적으로 드러나는 게 의처증이므로 이들과 연인 관계를 유지하는 것은 상당히 힘이 든다.

아쉽게도 이들이 이런 모습을 나타내는 것은, 마찬가지로 이들이 부모 밑에서 그런 잘못된 신호와 왜곡된 양육 속에서 혼란을 겪으며 성장했기 때문이다. 이들은 어떻게 보면 성격장애 유형 중에서도 가장 큰 피해자일지도 모른다. 사람이 산다는 것이 타인을 믿고, 공감하며, 소통하는 것인데 이들은 그게 잘 안 되기 때문이다.

02
관계에 관심이 없어요

이들은 세상일에 관심이 없다. 좋게 말하면 세상에 통달한 사람이고, 나쁘게 말하면 세상으로부터 구석으로 밀려난 사람들이다. 이상심리학에 나오는 용어로는 분열성 성격장애라고 부른다.

이 유형이 제일 좋아하는 건 혼자 있는 것이다. 이들은 세상으로부터 칭찬을 들어도 무감각하고, 비판을 받아도 아무런 반응을 나타내지 않는다. 어떻게 보면 요즘 많은 청년층에서 보이는 번아웃 증후군(Burnout syndrome)과 비슷한 모습을 나타낸다. 이들이 아무런 표현도 없고 반응도 하지 않는 건 으레 짐작해서 지쳐 있기 때문에 그런 것이 아닌가 생각된다. 이들은 친밀한 관계도 원하지 않고, 성 경험에도 거의 흥미를 보이지 않는다. 그만큼 이들의 삶은 황무지처럼 메말라 있다.

이들도 처음부터 이와 같은 모습을 보이지는 않았다. 세상이 복잡해지고 바빠지면서 부모들은 자녀를 양육하는 데 충분한 시간을 들이지 못했다. 그래서 이 유형의 아이들은 언제나 어려서부터 혼자서 지내는 시간이 많았다. 부모들도 '아이들은 가만히 놔두어도 잘 자라겠거니.' 하고 생각했지만, 이들은 성장하며 자신의 세계 속으로 숨어버렸다.

현대에 들어서서 많은 아이가 그렇게 부모와 세상과 소통하며 자라지 못한다. 심하면 아예 세상 속으로부터 숨어 지내는 히키코모리와 같은 상태가 된다. 사회로부터 단절되기를 선택하고, 사회적으로 자살해 버리는 것이다.

이들은 겉으로 보기에는 무감각해 보이지만, 마음은 그만큼 애정을 갈망하고 있다. 이 유형은 마음의 벽이 높아 웬만해서는 그 벽이 부서질 기미를 보이지 않는다.

우리는 이런 유형의 사람들을 어떻게 대해 주어야 할까? 개인적으로는 심리상담을 받으면 받을수록 마음이 따뜻해진다고 본다. 그렇다면 이들의 높은 마음의 벽과, 얼어 있는 마음을 녹여줄 따뜻한 햇볕을 누군가는 주어야 하지 않나 생각한다.

이들은 성격장애자 중에서도 타인을 해롭게 하지 않는 유형의 사람들이다. 사람과 세상이 이들에게 보다 따뜻한 관심을 가져

주면 이들은 마음의 빗장을 열고, 세상으로 활짝 날개를 펼치고 날아오를 수 있을 것이다.

03
사람들과 어울리기 힘들어요

이들은 좋게 말하면 괴짜다. 나쁘게 보면 세상과 아주 동떨어진 부적응자이다. 어려서 부모와 정서적으로 친밀함을 나누지 못했기에 이들도 앞의 유형과 마찬가지로 사람과 세상 속에서 생활하는 것을 무척이나 어려워한다.

이 유형의 대표적인 특성은 혼자서 머릿속으로 생각하는 게 이들이 하는 유일한 행동이라는 점이다. 그만큼 이들은 남들이 보기에는 평범해 보여도 혼자서 끊임없이 생각을 한다. 그 이유는 불안을 해소하기 위함이다.

사람이 정상적일 때는 균형이 갖춰져 있다. 그러다 신경증에 걸리면 사소한 것도 쉽게 넘어가지 않고 예민하게 반응하게 된다. 그 불안이 심해지면 이 유형처럼 걱정이 심해져 온종일 생각만 한다. 이 유형을 분열형 성격장애라 부른다. 이들은 간혹 인생에서 한두 번 정도 심한 스트레스에 시달리면 정신증 초기 상태를 나타내기도 한다. 그것을 사람들은 곧잘 "밤바다 여행을 떠났다."라고 표현한다.

이들은 독특한 옷차림과 행동 방식으로 유명하다. 이 유형은 남의 시선을 거의 의식하지 않기 때문에 어떻게 보면 대단히 자유로운 삶을 살아가는 사람들로 비칠 수도 있다. 그러나 이들의 문제는 사람들과 거의 어울리기 힘들어한다는 점이다. 이들이 어울리기 어려워할 수도 있고, 반대로 사람들이 이들의 전통을 따르지 않는 모습에서 피하는 모습을 나타내기도 한다.

이 유형은 사회생활을 하는 것도 벅차 한다. 직장생활을 한다는 것은 사람과의 어울림을 전제로 하는데 이들은 그걸 잘 견디질 못한다. 그래서 이들은 곧잘 혼자서 하는 일을 선택한다. 혹 이들의 별난 점을 융화시켜 줄 수 있게 도와주는 사람이 있으면 사회에서 활동할 수 있다.

모든 일에는 장단점이 있는지 이들은 어떨 때는 굉장히 창의적인 모습을 나타내기도 한다. 이들이 잘 풀리면 위대한 철학자가 될 수도 있고, 영적인 일을 하는 사람 혹은 예술가로 명성을 떨치기도 한다.

그렇게 되기 위해서는 이들이 자신의 정신세계에만 몰두하지 않고, 원예라든가 요리처럼 일상에서 몸으로 활동할 수 있는 일을 함으로써 삶의 균형을 잡을 수 있게 해 주면 좋다. 또한, 그렇게 활동함으로써 지쳐 있는 정신과 몸을 활력 있고 유연하게 해 줄 수 있다.

이들은 자신을 남들과 다른 별종으로 생각하는 특성이 강하다. 따라서 이 유형의 치료는 이들도 이 세상을 살아가는 보통의 한 사람으로 느끼게끔 상담가가 대해 주면 좋다. 그럼으로써 사회에서 남들과 함께 어울리고 활동하게 이끌어 주면 좋을 것이다.

04
폭력을 행사하고 싶어져요

이 유형은 권력 지향적이다. 영화에도 많이 나오는데 대부분 어려서 상처를 심하게 입었다. 사람들은 보통 악에 맞서 싸우다가 자신이 악에 물드는 경우가 많다. 이들이 그런 경우에 해당할 수 있다. 이들은 상처를 많이 받았기에 자신의 폭력을 정당화한다.

이들은 범죄를 많이 저지르는 탓에 교도소에 가 보면 이 유형을 많이 만날 수 있을 것이다. 심리학적으로 이들을 반사회적 성격장애라고 부른다. 어떤 이들은 이렇게 말한다. 자신들은 겉으로 악을 드러내서, 즉 범죄를 저질러서 교도소에 있지만, 정말 교묘한 사람들은 걸리지 않는 죄를 범함으로써 자신들처럼 잡히지 않았다는 것이다.

그처럼 교묘하게 자신의 권력을 행사하는 사람들이 있다. 예를 들어, 상담 장면에서 내담자로 이들이 참여할 경우 은근히 상담가에게 우위를 점하는 모습을 나타낸다. 왜냐하면 이들이 원하는 것은 바로 권력이기 때문이다. 권력을 가지면 남을 함부로 대하면서 자신은 우월감을 맛볼 수 있어서다.

앞에서 말한 것처럼 행동화해서 나타나는 경우는 어떻게든 법적으로 조치를 취하면 된다. 이들이 문제가 되는 것은 심리적으로 교묘히 남을 조종할 때다. 이들은 자신의 잘못이 드러났을 때 도망갈 궁리를 곧잘 한다. 그래서 남에게 책임을 모두 전가하고 자신은 책임지지 않는 모습을 나타낸다. 이 유형을 직장에서 상사로 만났을 경우에 부하 직원이 많이 괴로울 수 있는 이유이다.

이들은 '강자만이 사회에서 살아남는다.'라는 생각과 '들키지 않는 한 남을 속여도 상관없다.'라는 독특한 생각을 갖고 있다. 이들이 그러는 것은 어려서 부모에게서 그렇게 대우를 받았기 때문이다. 부모가 어려서 신뢰를 주지 못하고 폭력을 행사할 경우 이 유형처럼 될 수 있다.

이 유형은 자발적으로는 치료를 받으러 잘 오지 않는다. 범법자가 되어 교도소에 수감되었을 때 치료차 방문하는 게 일반적이다. 이들의 치료는 잘 이뤄지지 않는다고 하니, 이들이 성격이 고착되기 전에 빠른 치료가 필요할 것으로 생각된다.

05

산다는 게 혼란스러워요

이 유형은 영화 속의 비참한 주인공으로 많이 등장한다. 이들은 버림받는 것에 대한 극단적인 공포가 있다. 그래서 버림받지 않기 위해서 타인의 감정을 조종하려고 든다. 상담 장면에서는 상담가에게 감정적 위안을 심하게 얻으려 해서 위험할 수 있는 유형이다. 이들을 경계성 성격장애라고 한다.

흔히 이들은 분노 조절이 잘 되지 않아, 극단적일 경우에는 자해 시도를 많이 하게 된다. 성격장애 중에서도 경과가 좋지 않은 경우에 속한다. 또한, 타인을 극단적으로 이상화했다가 평가절하하는 등 불안정한 대인관계의 모습을 보인다.

이 유형은 자기 자신에 대한 정체감도 안정적으로 확립되지 않았다. 그래서 예측하기 힘든 다양한 돌출 행동을 나타낸다. 공허감이나 우울감을 잘 느끼기도 한다. 이들도 심한 스트레스를 받게 되면 일시적으로 정신증의 모습을 나타낸다.

이들은 어려서 양육자와의 애착 관계에서 문제를 보인 경우가 많다. 유아는 양육자에게 절대적으로 의존해 있으므로 일관되고 안정적인 돌봄이 이뤄져야 한다. 그런데 이 유형은 양육자의 문제로 인해서 불안정한 상태로 관심을 잘 받지 못했다.

보통 이 유형은 애정 결핍의 모습을 상당히 보이며, 애착 관계 중에서는 저항 애착일 경우가 높다. 이들은 양육자가 적절한 애정을 주지 않을 경우, 양육자에게 화를 내거나 자신을 괴롭힌다.

따라서 이들에게 적절한 치료법은 상담가가 허용적인 입장에서 애정 어린 관심과 지지를 주는 것이다. 이것은 모든 성격장애의 경우에 해당하는 치료법이기는 하나, 이 유형에게는 더욱 큰 믿음과 일관된 애정이 주어져야 한다.

이들을 재탄생시키기는 어렵다고 한다. 그래도 상담가가 끝까지 이들을 믿어 줄 경우에는, 이들의 마음에도 변화의 시도가 이뤄질 것이다. 심리상담은 생각보다 쉬운 여정이 아니니다. 내담자들은 보통 세상에 믿고 의지할 대상이 없기에 상담가를 찾는 경우가 많다. 그러므로 이 유형에게는 변함없는 애정을 보여 주는 것이 중요하다.

06
자꾸 저를 꾸미려고 들어요

이들은 사람들 속에서 관심과 주목의 대상이 되지 못하면 매우 불편해한다. 자신이 주인공으로 인정받기 위해 자기를 꾸미고 남을 속이려 한다. 이 유형도 현실에서 곧잘 볼 수 있다. 이들을 일컬어 연극성 성격장애라고 한다.

이 유형은 어려서부터 부모에게서 관심과 사랑을 받지 못했기 때문에 위와 같은 성격 특성을 보이는 경우가 많다. 어머니에게서 애정을 못 받아, 그 사랑의 양이 결핍된 경우에 반대로 성인 아버지에게서 애정을 요구하므로 자신을 꾸며야 사랑받을 수 있다고 생각하며 자란다.

또한, 이들은 독특한 사고방식을 지녔다. 자신을 부적절한 존재로 여기고, 항상 자신을 돌보아 줄 사람을 찾는 행동을 한다. 이들은 타인을 자신의 생존에 중요한 존재로 보기 때문에 모든 사람으로부터 사랑받아야 한다고 생각한다. 그래서 계속 자신을 꾸미고 과장된 표현을 한다.

그러한 의미에서 이들은 자신을 재미있는 사람이라고 생각하고, 다른 사람에게는 즐거움을 주는 사람이 되어야 한다고 여긴다. 왜냐하면 이들은 인생을 혼자서 영위하는 것은 너무 힘들다고 생각하기에, 남을 그만큼 만족시키려 한다.

이들의 대인관계는 진정성 속에 놓이지 못하고 실제보다 피상적인 경우가 많다. 자존감이 허약하므로 남들과의 관계에서 비교를 곧잘 하며 시기심을 자주 보인다. 이들은 이성과의 연애 관계에서도 피상적이다. 연인을 자기 인생의 소품처럼 생각하기에 이들과 사귀는 상대방은 허탈함을 느끼는 경우가 많다.

자존감이 약한 성격 특성을 보이므로 이들을 치료하는 방법은, 있는 그대로 자신을 내보여도 사람들은 당신을 싫어하지 않는다는 믿음을 실천해 보는 방법이 좋다. 자신을 꾸미는 데 엄청난 에너지를 쏟으므로 이들에게 자신을 편안히 드러내는 치료법은 상당한 효과가 있을 것이다.

이들도 겉으로 치장만을 권하며, 알맹이는 쏙 빼놓는 현대 사회의 허무한 과대 선전의 피해자들일 수 있다. 물질 만능의 시대 속에서는 모두가 본질은 무시한 채, 피상적 구호에 속아 넘어가는 경우가 많다. 사람은 자신에게 맞는 자연스러운 삶을 살아가야 한다. 그럴 때 이 유형의 사람도 치료가 진척이 될 것이다.

07

저를 과대하게 생각해요

그리스 신화에 나오는 나르키소스의 유례에서 생긴 자기애성 성격장애이다. 이들은 자신을 그렇게도 사랑한다. 사람이 자기를 사랑하는 것은 정상이다. 이들의 문제는 그 정도가 지나치다는 점이다. 그리고 더욱 큰 문제는 남을 이용해서 자신의 이득을 취하려 한다는 것이다.

이 유형은 자신과 세상을 균형 잡힌 눈으로 보지 못한다. 자신을 과대하게 생각하기 때문에 상대와 세상은 그만큼 과소하게 보인다. 이들에게 사람들이란 자신의 잘난 모습을 치장해 줄 대상으로밖에 인식되지 않기 때문에 이들은 진정한 관계를 맺지 못한다.

인간관계라는 것은 적절히 주고받는 관계이기 마련인데 이들은 자신의 것만 취하기에 상대를 곤혹에 빠트린다. 또한, 그 정도가 심한 사람들은 교묘히 상대를 이용하면서 그들을 바보로 취급한다. 그만큼 이들에게는 인간성이 배제되어 있다.

이들은 항상 자신이 중요하기 때문에 타인의 감정이나 욕구를 생각하려 하지 않는다. 그래서 이 유형은 감정 이입 능력이 상당이 결여되어 있다. 그래서인지 이들은 보통 거만하고 방자한 태도를 보인다. 타인에 대해 질투를 잘하고, 타인들이 자신에 대해 질투한다는 생각을 많이 한다.

오늘날에는 이런 사람들이 늘어나고 있다. 부모들이 자신의 자식만 잘난 줄 알고 감싸며 키운 대가이다. 그런 부모 밑에서 자란 사람들은 적절히 견뎌야 하는 고통을 회피한다. 아이들이란 적절한 지지와 그에 상응하는 어려움을 견디는 체험을 하고 자라야 하는데 이들은 그렇지 못하다. 그래서 이 유형은 잘 참지 못해서 충동 조절이 잘 안 될 수 있다.

앞서 말한 대로 사람은 자신을 사랑한다. 자존감이 높은 사람들은 더욱 자신을 잘 챙긴다. 그런데 반대로 이들도 자신을 사랑하기는 하는데 뭔가 다른 점이 있다. 바로 그 사랑이 왜곡되어 있다는 것이다. 이들이 정말로 사랑하는 것은 자신에 대한 우월감과 자만심이다. 그래서 타인은 이들에게 박수 기계 역할밖에 할 것이 없게 된다.

이 유형의 나르시시즘은 치료하기가 지독히도 어렵다. 모든 성격장애가 치료되기가 쉽지 않지만, 이들의 자기애는 포기되기가 쉽지 않아, 치료도 그만큼 진전을 보이지 못한다. 심리상담을 받는다는 것은 기존에 자신이 가졌던 자아상을 일시적으로 포기하고 세계관을 확장하는 작업이 이뤄지기 마련이다. 그런데 이들은 그 세계의 벽이 두꺼워 잘 붕괴되지 않는다.

이들에게도 앞서 많은 성격장애 유형처럼 치료자의 진심 어린 사랑이 요청된다. 성격장애는 일반적으로 치료가 더디게 진행되고, 치료도 잘 안 된다고 한다. 그러나 우리는 할 수 있다. 그것은 바로 사랑이 많은 치료자가 그들의 마음을 결국에는 열기 때문이다. 이 세상에 사랑이 사라져 가는데, 그만큼 사랑을 충만히 지닌 사람들이 소중한 이유이다.

08
사람들을 피하게 돼요

이들은 자신감이 저하되는 모습을 보이는 것이 보통이다. 그리고 대개 자신에 대해 부정적인 자아상을 지니고 있다. 이 유형을 회피성 성격장애라고 한다. 흔히 대인 공포라던가 사회 공포를 지닌 이들이 이 유형에 속할 수 있다.

이들의 마음속을 살펴보자. '나는 부끄러운 인간이야.'와 '나는 부적절한 사람이야.'처럼 이들의 인지 구조는 상당히 왜곡되어 있다. 그래서 이들에게 적절한 치료법은 이들의 부정적 자아상을 끊임없이 다루어 주는 인지 치료가 좋은 효과를 보인다.

앞서 이야기한 대로 한 사람의 정신세계에 양육자인 부모가 끼치는 영향은 생각보다 상당하다. 이들이 성장해서 위와 같은 모습을 보이는 것은 부모가 자신을 부정적이고 부적절하게 생각했던 사람들이었기 때문이다.

이 유형은 잘할 수 있다는 확신이 없으면 어떠한 일도 시도하려고 들지 않는다. 그리고 남들의 눈치를 많이 보기 때문에 신경이 남아나지 않고 그만큼 쉽게 피로해진다. 남들과 어울리는 일도 이들 스스로 먼저 다가가지 않기 때문에 친구도 잘 사귀지 못한다.

이들의 치료는 현실 세계에서 실패해도 괜찮다는 편안한 마음을 심어 주면 좋다. "발표할 때 긴장해도 괜찮다." 등의 말을 해주며 오히려 그런 자신의 모습을 있는 그대로 드러내고 난 후에 편안한 마음으로 행동하게끔 도와주어도 좋다. 곧잘 완벽주의에 빠지는 유형이기 때문에, 이들에게 자신감을 심어 주고 한 번에 하나씩 해 보게끔 해 주는 것이 좋다.

09
누군가에게 의존하고 싶어요

우리는 왜 누군가에게 의존할까? 실패에 대한 두려움이 있어서고, 그것은 자신이 튼튼하지 않기 때문이다. 실패했을 경우 그 상황을 자신이 감당할 능력이 없어서이기도 하다. 이 유형은 앞의 경우와 같이 자신감이 없는 경우가 대부분이다.

이들을 심리학 용어로는 의존성 성격장애라고 한다. 대부분은 부모가 어려서부터 과잉보호로 키워서 자신감이 결여되어 있다. 현대에 들어서 많은 부모가 아이에게 모든 것을 맞춰 준다. 사람은 스스로 선택해서 실패와 성공 경험을 하며, 그 피드백 속에서 지혜와 살아갈 방도를 깨닫게 된다. 그런데 이들은 그 경험이 결핍되어 있다.

지혜로운 많은 이가 현대 사회를 걱정하는 부분도 이 점에서이다. 아이들이 너무 풍족한 상황에서 부족함을 모른 채로 성장하기에, 자신은 물론이고 타인의 삶을 둘러보지 못한다. 이는 결국 사람을 극단적인 성격을 지니게 만들어, 심하면 자신만 아는 이기적인 사람이 되거나 또 다른 경우에는 이 유형처럼 자신감을 상실한다.

더구나 지금처럼 컴퓨터와 온라인이 발달한 세상에서는 이들이 자신을 그만큼 은폐하기 좋은 상황이다. 그럼으로써 이들의 발달은 저절로 지체되기 마련이다. 사람은 자신의 모습을 정직하게 직면하고 살아가야 한다. 그렇지 못할 경우에는 이들처럼 자신감의 부재로 남들에게 의존하는 인생을 살아가게 된다.

이 유형의 치료도 앞의 경우와 같이 자신감을 심어 주는 방법이 좋다. 몇 번 실패하더라도 인생이 무너진 것은 아니다. 혹은 실패는 없고 오로지 시도만 있을 뿐이라는 식으로 이들이 하나씩 스스로 체험해 보게 하는 것이 좋다.

10
저 자신의 틀이 답답해요

완고하고 자기만의 방식을 벗어나면 두려워하는 것이 이 유형의 특징이다. 이들은 곧잘 미디어에 재미난 이야기 소재로 등장하기도 한다. 바로 강박성 성격장애이다. 손을 수십 번 계속 씻던가, 걸을 때 금을 밟으면 안 되는 이들로 비치기도 한다.

이들도 앞서 몇몇 유형처럼 외형보다는 그 내면적 성격 특성에 집중해서 바라볼 필요가 있다. 이들이 위와 같은 행동을 하는 것은 불안하기 때문이다. 그런 면이 어려서부터 노출되었고, 청소년 시기를 거쳐 성인 초기에 들어서면 이들의 성격 특성은 고착된다. 그래서 잘 고쳐지지 않는다.

사람은 어려서 부모의 영향을 크게 받는다. 아이들에게 부모란 세계 전체를 의미하기 때문이다. 이들도 어려서 간섭이 심하고, 성격이 까다로운 부모 밑에서 자랐기에 자신의 불안을 쉽게 처리하지 못했다. 이들의 치료도 일시적으로는 진행되지 않는다. 자신의 행동 양식이라던가, 부모에게서 어릴 적에 양육된 특성을 이해해야 치료가 진척을 보인다.

이 유형의 대표적인 성격 특성은 완벽주의이다. 자신도 자신을 믿지 못하기에 처음부터 자신이 상황을 통제할 수 없으면 어떤 시도도 하지 않는다. 그리고 자신의 방식대로 진행이 되지 않으면 타인에게도 맡기지 못하기 때문에 이들은 삶의 효율성도 떨어진다.

앞서 말한 대로 이들이 강박적인 모습을 보이는 것은 불안 때문이다. 그래서 이들은 불안한 상황에 처하게 되면 자신도 모르게 같은 행동을 반복하게 된다. 불안이 심할 때는 자신도 조절이 잘 되지 않기 때문에 예기치 않게 다른 이들에게 피해를 줄 수 있다.

또한, 이들의 치료는 불안함에도 불구하고, 남을 믿고 맡겨 보는 행동을 해 보는 것이다. 조금 불완전하더라도 그게 삶이라는 것을 받아들이게 치료자가 도와주면 좋다. 그리고 여전히 불안함에도 스스로 그 불안을 감당해 보는 연습을 하나씩 해 보는 게 좋다. 이들에게도 인지 치료가 상당한 도움이 될 것이다.

깨우침 하나 

나에게도 일어났던 일 ❶

앞에 열거한 성격장애의 종류에 나도 많이 해당하는 점이 있다. 아마 누구나 몇 가지에는 해당한다고 생각할 것이다. 그것은 바로 우리의 성격에 대해서 나열해 놓은 것이기 때문이다. 그런데 성격장애는 그 정도가 심해서 성격이 더 고착된 상태를 말한다.

나의 어린 시절을 보면 아버지도 그렇고 어머니도 부모님이 재혼을 많이 하셨다. 그 당시 한국은 힘든 시절이라 그런 분들이 많았다. 여기서 중요한 점은 아버지는 할머니와의 애착 문제보다는 어려서 너무 힘들게 지내 오셔서 반항을 하는 성격이 형성됐다는 것이다.

어머니는 외할머니와의 애착에 문제를 보이셨다. 외할머니는 아주 부잣집 출신이셔서 스스로 생활을 이끌어갈 줄 모르셨다. 어머니를 낳고도 적절한 양육을 해 주지 못하시기도 했다. 그래서 어머니는 불안정 애착 상태로 삶을 시작하게 되셨다.

나의 부모님은 이와 같은 정신적 모습을 지니셨다. 그런 분들 밑에서 내가 자랐기에 나의 아버지께서는 나에게 남자로서 적절한 역할 모델을 보여 주지 못하셨다. 어머니는 정서적으로 안정이 되지 않으셔서 나는 회피 애착 상태로 유아 시절을 보내게 된다.

게다가 나는 1살 때, 라면을 끓이는 물에 화상을 입어 머리카락이 있는 부분의 절반가량을 상처 입게 된다. 부모님의 성격과 나의 머리 문제가 결합되면서 나는 어린 시절 동안 적절한 양육을 받지 못하고, 지나치게 과잉보호 속에서 보내게 된다.

초등학교 고학년부터 나의 수줍음과 자의식이 지나치게 발달하기 시작했다. 가발을 쓰고 생활하는 것에 대한 부끄러움이 생겼고, 사람들의 시선을 그만큼 신경 쓰고 부담스러워하게 된 것이다. 예를 들면, 운동회 연습을 할 때처럼 사람이 많이 모이는 곳에 가면 신경이 저절로 날카로워졌다.

그때는 아직 어린 시기라 내가 가발을 쓴다는 것에 대한 창피함은 그렇게 높은 수준이 아니었다. 그런데 중학교에 입학해서 다른 친구들은 스포츠머리로 짧게 깎는 데 비해, 나는 긴 머리로 학교에 다니니 이때부터 나의 자의식은 높아졌던 것 같다.

가발을 쓰고 지냈음에도 불구하고 나는 어릴 적부터 운동하는 것을 좋아해서 초등학교 6학년 때는 학교 대표로 축구부 활동도 했다. 그때 친구들하고 가까이서 지낼 기회가 있었는데 나의 성격적인 문제 때문인지 친구들과 정서적인 거리를 처음으로 느끼게 되었다.

중학교 때 한 가지 일이 떠오른다. 학교가 끝난 후에 집에 가려면 여자 중학교 앞을 지나가야 했는데, 여자아이들이 버스를 타려고 줄지어서 기다리고 있었다. 나는 그 앞을 지나가기가 죽는 것만큼 싫고 두려웠다. 아마 이때 사춘기가 시작되어서 그랬나 보다.

사춘기 시절부터 나는 여자아이와 한 마디도 말을 나눠 보지 못할 정도로 숫기가 없는 성격이었다. 그리고 나는 남들과 다른 사람이라는 자의식이 생겼던 것 같다. 그러면서 '나는 창피한 인간이야.'라는 자동적 사고가 형성되었던 것 같다.

그래도 중학교와 고등학교 1학년 때까지는 친구들과 잘 어울리며 생활했다. 특히 중학교 3학년 때는 같은 반에 좋은 친구들이 많아서 신나게 학창 시절을 보낸 기억이 있다. 소풍을 가서도 내가 주도적으로 나서 선생님들에게 친근하게 말도 걸고 사진도 찍고 그랬던 기억이 있다.

나의 심리적 문제는 고등학교 2학년 때부터 나타나기 시작했다. 이때부터 나는 다른 친구들과 내가 많이 다르다는 것을 심하게 의식했던 것 같다. 아마 이 나이 때는 다들 사춘기가 절정이라 나는 많은 친구와 어울리는 경험을 잘 못 하게 된다.

그때 우연히 같은 반 친구와 싸우게 되면서 그 친구와 거의 절교까지 하게 된다. 그 이후부터 나는 그 친구가 매우 신경이 쓰였다. 학교에서 그 친구만 보게 되면 공부에 집중할 수 없을 만큼 신경이 예민해져 있었다.

그리고 그때부터 학교 앞에 있는 독서실을 다녔는데, 거기서 시계 초침 소리를 듣게 되면 또 공부에 집중할 수 없을 만큼 나는 신경증 수준의 모습을 보이게 된다. 그때는 그게 병적 상태인지 몰라서 치료를 받지 못했다.

수능 시험 전까지도 나의 정신은 매우 예민한 상태라 시험이 다가올수록 나의 불안은 심해져 결국 수능 시험을 제대로 보지 못했다. 시험 한 달을 남겨 놓고, 스트레스를 너무 받아서 시험을 실수했다고 생각했다. 그런 나는 후회가 생겨 재수를 결심했다.

그런데 문제는 재수하기로 결심해 놓고서도 집에 처박혀서 TV

만 봤다는 것이다. 또 다른 친구들을 만나게 될까 봐 집 밖으로도 나가지 못하고, 창문 밖으로만 세상을 구경했다. 철저한 고립된 시절의 첫 시작이었다.

다행히 수능 시험 100일을 앞두고 공부에만 집중해서 시험 결과는 작년과 같은 성적을 얻을 수 있었다. 나는 꼭 고향을 떠나서 아무도 나를 모르는 서울로 가고 싶어서 무리를 해서 숭실대학교 법학과 야간학과에 지원해 합격했다.

그렇게 나의 서울 생활은 시작됐다. 1학년 때부터 나는 공부에 대한 욕심이 많아서 도서관에 아침 일찍부터 가서 공부했다. 그런데 문제는 옆자리에 앉은 사람이 그렇게 신경이 쓰이기 시작했다는 것이다.

칸막이를 쳐도 나의 예민한 상태는 좋아지지 않았다. 그래서 공부에도 집중할 수 없었다. 1학년 가을에 학교에 사법시험 고시반이 있다는 것을 알게 되고 그곳에 들어갈 수 있었다. 그곳에서도 시계 초침 소리에 대한 예민했던 기억이 있다.

학교 고시반에는 좋은 선배들이 많았다. 내가 대학 시절 동안 유일하게 사람들과 친근하게 보낸 시절이었다. 6개월 동안 잘 지냈는데, 다음 학기에 수업에 들어가 보니 예쁜 여자아이 한 명이 앉아 있었다.

나의 첫사랑이었고, 처음으로 여자에게 고백을 해 봤다. 그때는 연애에 대해 아무것도 모르는 백지상태였다. 화이트데이 때 사탕과 꽃은 못 주고, 함께 아이스크림을 먹으러 갔다. 그 자리에서 "저, 그쪽 좋아하는데요."라고 바로 말했다.

그 여자아이는 너무 성급한 것 아니냐며, 부끄러워했던 것 같다. 나는 고시반에서 공부도 잘 안 되고, 첫사랑에 대한 실패 때문인지 음악만 들으며 시간을 보내다가 결국 어느 선배에게 대항하며 고시반에서 나오게 된다.

이때부터 나의 대학 시절 방황과 고립이 시작된다. 이때 처음으로 채팅을 알게 돼 미친 듯이 중독되어 밤새 채팅하고, 아침에 자취방에 들어와 잠을 잔 후 저녁에 학교에 수업을 들으러 가는 반복된 생활을 꽤 오래 지속했다.

또 이때 다른 학교 여자아이들과 번개 모임을 많이 했는데, 그때 나는 가발을 쓰지 않고 모자를 쓰고 나가는 바람에 나를 속이는 행동을 하게 됐다. 그래서 그 아이들과 자연스러운 교류를 못 하고, 시간이 지나면서 저절로 멀어지는 행동을 했다.

당시에는 학교도 모자를 쓰고 다녔는데 전공도 법학과여서 교수님들께서도 보수적이라 그 바람에 나의 마음고생은 이때가 절정이었다. 학교 공부에도 집중이 안 되고, 나는 좀 더 자유로운 광고나 방송, 혹은 투자 전문가의 꿈을 꾸며 방황했다.

학교도 졸업하고 여동생과 학교 근처에 있는 공공 임대 아파트를 우연히 얻어서 함께 살게 되었다. 이때는 집에서 혼자 외롭게 고시 공부에 집중하고자 했는데 잘 되지 않았다. 그래서 신림동 고시촌 독서실에 다니며 공부를 하려고 했는데, 역시 잘 되지 않았다.

재수할 때 집에서 1년 동안 고립되었던 적이 있고, 대학 시절도 모자를 쓰기 시작하면서 학교 친구들과 멀어지며 혼자 고립되기도 했다. 그리고 졸업 후 2년 동안 고시 공부를 한다는 핑계로 또 고립된 시절을 보내게 된다.

아마 이때부터 내가 사회 공포증이 있다는 것을 얼핏 알게 됐다. 사람과 어울리기가 무서워졌고, 많은 사람 앞에서 발표하는 것은 대학 때부터 두려움이 많았다. 그리고 사람이 많은 회사에 입사하는 것에 대한 두려움도 있었다.

이때 우연히 『나: 구본형의 변화 이야기』라는 책을 인상 깊게 읽고, 그분의 홈페이지를 매일 방문했다. 그곳은 나를 흥분시키고 깨달음을 주는 글로 가득했다. 그분의 따뜻하고 자상한 모습에 매료되기도 했다.

그렇게 나는 스승을 발견한 것 같은 감탄에, 그분이 운영하는 2박 3일 자기발견 프로그램에 참여했다. 그런데 문제는 이때 내 인생의 가장 절정의 문제가 나타났다는 점이다. 프로그램에 다녀오니 고향에서 어머니와 아버지가 올라와 계셨다.

나는 그때 모자도 이제 벗고 구본형 선생님의 도움을 받으며 사회생활에 처음으로 뛰어들 부푼 꿈을 안고 집으로 돌아왔는데, 어머니는 함께 살자고 올라오셨다고 했다. 그렇지 않아도 집이 너무 좁았던 터라 나는 어머니와 난생처음으로 다투기 시작했다.

구본형 선생님에게 나의 변화된 모습을 보여드리고 싶었는데, 어머니 때문에 모두 망쳤다고 생각하게 됐다. 이 당시 나는 너무 예민한 상태라 집에서 조용히 계획을 세우며 준비하고 싶었다.

그런데 어머니가 매일 잔소리를 심하게 하는 바람에 나는 심하게 어머니와 감정적으로 대립하게 됐다. 구본형 연구소에서 나는 좋은 모습을 보이고 싶었는데 그게 좌절되기도 하며, 나는 그해 1년 동안 매일 아침을 한숨으로 열게 됐다.

지나고 나서 돌아보니 그때의 내 상태는 심한 우울증의 모습이었고, 아주 심하게 퇴행한 상태였다. 그때는 그저 방에서 누워서 어머니에 대한 원망과 분노만 하며 하루를 보냈다. 어머니는 내게 끊임없이 간섭과 잔소리를 했다.

이때부터 나는 2년 동안 머리가 너무 아팠다. 그런데 이때 나는 심리상담에 대한 관심이 커져 내 문제를 스스로 치료한 뒤, 그걸 연구해서 유명한 사람이 되고 싶었다. 물론 그 계획은 이뤄지지 않았고, 나는 계속 머리가 아팠다.

그해에 고시원에서 야간 총무 아르바이트를 했는데, 우연히 주변의 정신건강의학과에 방문하게 되었다. 머리가 너무 아팠기 때문이다. 처음 선생님과의 만남이었다. 나는 선생님께 어머니와 선배와 여자친구에 대한 불평을 쏟아냈다.

선생님과 상담하고 안정제를 먹고 얼마 지나지 않아 나의 상태는 호전되기 시작했다. 선생님은 선선하고 한적한 느낌을 내게 주셨고, 나는 선생님이 고맙고 존경스러워 치료에 열심히 참여했다.

2년 뒤에 선생님은 나에게 내가 성격적 고착의 모습을 보이는 것 같다고 말씀해 주셨다. 그리고 이때부터 나를 열심히 되돌아봤다. 어머니가 올라오고 나서 심하게 어머니와 다툰 시절이 아마 내가 정신증 상태이지 않았나 생각하게 됐다.

선생님과 상담을 시작한 후 1년 뒤에 주간지 영업 회사에 늦은 나이에 첫 취업을 했다. 그곳은 주로 전화로 독자를 모집하는 곳이었다. 이때까지 나는 독서를 좋아해, 책을 읽은 경험을 바탕으로 마케팅 대상을 잘 선정해 일은 잘하게 됐다.

여기까지가 나의 어린 시절부터 사회생활 초기까지의 모습이다.

되돌아보면 나는 내게 심리적 문제가 있는지 거의 의식하지 못하고 살았다. 처음으로 내게 예민한 부분이 있다는 것을 얼핏 깨달은 것은 학교 도서관에서 옆자리 사람이 너무 신경이 쓰였을 때였다. 그리고 학교에서 발표할 때 너무 긴장했던 기억도 있다.

나의 상태를 되돌아보면 고등학교 시절 독서실에서 신경증이 처음 시작되었던 것 같다. 그리고 재수하며 1년 동안 고립된 시절을 보내고, 대학에서의 몇 년 고립된 시절 및 졸업하고 집에서 홀로 지내며 나의 정신 상태는 좋지 않게 흘러갔던 것 같다.

이때까지도 내가 성격적 고착의 상태인 성격장애까지 진행되었을 정도로 상태가 나빠진지 몰랐다. 어머니가 올라오시고 갈등이 시작되면서, 나의 정신은 붕괴가 됐다. 정신증이 나타났다는 이야기는 그 당시에 내가 성격장애를 앓고 있었다는 뜻이다.

어머니만 탓하게 되고, 모든 것이 어머니 때문에 잘못됐다고 분노했다. 지금 되돌아보면 그 당시에 집에서 갈등이 생겼으면, 내 나이가 20대 후반이었는데 집을 나와서 독립해서 생활해도 되었다.

문제는 내가 모자를 쓰고 있어서 아르바이트에 제약이 많았고, 사람들과 잘 어울리지 못하는 모습을 보여서 쉽게 일자리를 구할 수 없었다는 점이다. 이제는 안다. 내게 문제가 있었기에 그런 선택을 할 수밖에 없었다는 것을 말이다.

다행히 나는 장기간의 심리상담을 상담가 선생님과 함께하며 많이 회복되었다. 처음에 신경증이 나타났고, 성격장애로 이어졌으며, 게다가 정신증의 모습을 보이기도 했다. 상담을 받으며 상태가 좋아지면서 다시 성격장애 그리고 현재는 약한 신경증의 모습을 보인다.

심리상담에 참여하면 좋은 이유는 나 자신의 상태가 가벼워진다는 것에 있다. 나의 사례는 매우 고집이 센 내 성격과 극단적인 선택을 한 내 모습 때문에 보편적이지는 않다. 그래도 나의 경우를 보면 정신적 상태가 어떻게 안 좋아지는지 알 수 있다.

성격장애는 치료가 잘 되지 않는다는 말이 있다. 하지만 상담가의 일관된 지지와 관심 속에서 내담자의 상태는 좋아진다. 물론 이렇게 되기까지는 오랜 시간이 필요하다. 나의 경우에는 10년째 장기간의 상담을 이어오고 있다.

정신의학자 스캇 펙은 치료가 짧은 시기에 잘 이뤄지는 내담자도 있지만, 대부분의 사람은 상처가 깊어서 오랜 시간 동안 치료가 필요하다고 했다. 그러나 지금 내가 생각하기로는 시간이 중요한 것 같지는 않다.

우리는 인생을 살아가면서 끊임없이 자신을 변화시켜 가야 한다. 그것은 정신 치료를 받는 것과 다르지 않다. 나와 타인의 정신적 성장을 위해서 노력하는 것 자체가 심리상담이다. 우리가 치료 과정 속에 놓여 있는지, 혹은 스스로 치유해 가며 생활하는지의 차이일 뿐이다.

깨우침 둘

치료받을 용기

버리고 비우는 일은 결코 소극적인 삶이 아니다. 그것은 지혜로운 삶의 선택이다. 버리고 비우지 않고서는 새것이 들어설 수 없다. 일상의 소용돌이에서 한 생각 돌이켜, 선뜻 버리고 떠나는 일은 새로운 삶의 출발로 이어진다. 미련 없이 자신을 떨치고 때가 되면 푸르게 잎을 틔우는 나무를 보라. 찌들고 퇴색해 가는 삶에서 뛰쳐나오려면 그런 결단과 용기가 있어야 한다.

- 법정 스님

여기서는 처음 상담가를 찾아가기로 마음먹게 된 절실한 마음에 대해 이야기한다. 그리고 '초심자의 행운'이 따르는 초심 내담자의 이점에 대해서도 살펴본다. 우리가 상담을 받으러 가게 되는 결정적인 이유는 우리 삶이 잘 풀리지 않기 때문이다. 그러면서 스트레스를 받고, 학교 공부라든가 하는 일의 성과도 낮아진다.

심리상담을 받기로 마음먹은 사람들은 대단히 용기가 있는 사람들이다. 사람들은 돈이 없어서 혹은 시간이 없어서 심리상담을 받으러 가지 않는 것이 아니다. 그들은 자신의 정직한 세계관을 타인에게 열어 보일 용기가 없기 때문에 치료 장면에 참여하지 않는 것이다.

처음 상담을 받을 때는 절실한 마음으로 참여함으로써 자신에 대한 인식도 잘하고, 상담가 선생님과의 소통도 좋고 모든 게 잘 되어 간다. 그런데 내담자들은 상담 과정에서 자신에게 요구되는 점들이 있다는 것을 알게 되면서 심리상담에 대한 열정을 잃게 된다.

상담가도 이전에는 좋게만 보였다면 이제부터는 내 말을 듣기만 하고, 아무런 대꾸도 해 주지 않는 불성실한 사람으로 인식하기 일쑤다. 그렇게 우리는 심리상담으로부터 멀어지고, 온전한 자신과 만날 기회는 줄어든다.

심리상담에 참여하면 자신에 대한 이해도가 좋아진다. 보통 일상생활에서 자신을 객관화하기 좋은 것이 연애와 여행이라고 하는데, 심리상담은 자기 내면 밑바닥이나 무의식과 닿을 수 있게 효과적으로 돕는 몇 안 되는 과정이다.

상담 과정에 더욱 깊게 빠져들면서 심리적인 문제나 자기 자신만이 아니라 부모 세대의 영향이 크다는 걸 뼛속 깊이 인식하게 된다. "자신의 부모보다 정신적으로 건강한 사람은 드물다."라는 말이 있다. 그들은 이 말의 정체를 온전히 파악하게 되고, 자기 부모 세대를 뛰어넘는 모험을 감행하게 된다.

이 와중에 심리상담에 쉽게 혹은 어렵게 참여하였음에도 불구하고 중단하는 사람들이 나타난다. 정신의학자 스캇 펙의 말에 따르면 심리상담에 참여한 사람들 중에서 열에 아홉은 끝까지 완수하지 못하고 몇 달 안에 모두 그만둔다고 한다.

2장에서는 앞에 열거한 내용을 중심으로 상담실에 처음 방문하면서 벌어지는 이야기들을 중심으로 작성하였다. 심리상담에서 상담실은 내담자에게 아주 큰 의미를 제공한다. 그럼 심리상담에 처음 참여한 사람의 이야기에 귀를 기울여 보자.

01
상담가 선생님과의 만남

좋은 상담가란 어떤 모습일까? 내가 글에서 읽기로는 좋은 상담가에게서는 내담자가 답답한 마음에 홀로 예배당에 들어섰을 때의 선선함과 깊은 산사에 방문했을 때의 한적함이 느껴진다고 한다. 또한, 내담자를 끝까지 믿어줄 수 있는 상담가가 내 생각에는 정말 좋은 상담가인 것 같다. 왜냐하면, 성격장애는 치료가 잘 되지 않으므로 이들에게 필요한 것은 끝까지 인내해 주고, 함께해 주는 선생님이 좋을 것 같아서다.

우리는 심리상담가를 찾아가기 전에 이미 치료를 시작한다. 보통은 자주 우울한 마음이 들어서 상담을 받으러 가곤 한다. 마음이 우울하다는 것은 어떠한 의미로는 포기가 선행되었다는 말이다. 정신 치료에서는 포기를 매우 중요한 개념으로 생각한다. 우리의 자아상과 정신세계가 일상 세계에서 통용되지 않기 때문에 우리는 상담가를 찾아가기 때문이다.

또한, 정신 치료는 정직해지기 놀이 혹은 진실 놀이라는 말이 있다. 그만큼 내담자는 자신의 정신세계를 상담가에게 있는 그대로, 즉 정직하게 세계관을 드러낼 때 상담에 진전이 있기 때문이다. 이게 말은 쉬운데 상담가에게 마음을 여는 일은 실은 내담자에게 고통스러운 시간이다. 왜냐하면, 자신의 아픔과 다시 만나야 하고, 상담가가 믿을 만한 사람인지에 대한 신뢰가 생기지 않았기 때문이다.

심리상담에서 신뢰는 아주 중요한 부분이다. 그래서 사람들은 곧잘 자신과 잘 맞는 상담가를 고를 때 자신에게 편안하게 여겨지는 상담가에게 치료받기를 원한다. 자신에게 편안하게 느껴진다는 것은 어떤 의미로는 신뢰가 간다는 말과 다르지 않기 때문이다. 그렇게 먼저 상담가에게 신뢰가 생겨야 라포르(Rapport)가 형성될 수 있다.

라포르란 내담자와 상담가 상호 간에 신뢰가 오가고 서로 전이가 잘 이뤄지는 것을 말한다. 정신 치료에는 또 이런 말이 있다. "상담을 처음 시작할 때 전이가 시작되지 않으면 그 치료는 제대로 진행이 되지 않는다."라는 말이다. 전이란 내담자가 상담가를 예전의 자신의 인생에서 중요했던 인물로 오버랩해서 바라보는 것이다. 어떤 내담자에게는 자신이 아주 존경했던 인물로 상담가의 모습이 비춰지고, 어떤 이들에게는 자신이 아주 싫어하던 인물로 비치기도 한다.

많은 이가 상담가를 찾아가는 원인은 다양하다. 앞서 말한 대로 우울증이 시작돼서 그 마음을 혼자 다독일 수 없어서 찾아갈 수도 있고, 학교 성적이 떨어져서, 혹은 연인과의 이별이 너무 괴로워서 상담가를 찾아가는 등 그 이유는 많다. 대체로 일상생활에서 삶의 효율성이 떨어지고 에너지가 저하될 때 많이들 찾아가게 된다.

보통의 여자 내담자들은 처음 상담가를 만나서 이야기를 나누자마자 눈물부터 보인다고 한다. 여자들에게 눈물은 상담가와 나누는 소통과 공감의 수단이기 때문이다. 그렇게 눈물을 흘린 후에야 자신의 괴로웠던 속마음을 꺼내놓기 시작한다. 그런데 마음의 상처가 심한 내담자들은 솔직한 속마음을 꺼내놓기까지 상당한 시간이 소요된다. 이들은 상담가가 자신의 말을 집중해서 들을 준비가 되어 있는지 시험하고, 그 과정을 통과해야만 자신의 이야기를 꺼내놓는다.

처음 상담가를 만나면 우리는 전에는 결코 경험할 수 없었던 것을 체험한다. 상담가가 주로 하는 일이 경청인데, 내담자는 이전의 누구에게서도 느낄 수 없었던 자신의 이야기에 집중해 주고 공감해 주는 대상과 만나게 된다. 이러한 존중은 태어나서 처음으로 경험하는 내담자가 많을 것이다. 이들은 보통 어려서부터 부모에게 관심과 지지를 받지 못한 경우가 많기 때문이다.

심리상담가란 어떤 사람들일까? 어느 책에서 읽었는데 이들은 대부분 사람들과 신뢰 관계를 맺는 것을 좋아한다. 그리고 자신을 부모보다는 아동에게, 가해자보다는 피해자에게 감정 이입을 더 한다고 했다. 그리고 내담자의 아픔을 대신해 주고 싶은 마음의 동기도 무척 크다고 했다. 따라서 이들은 마음이 여린 축에 속하고, 마음의 상처도 많이 받는 유형의 사람들이다.

앞서 좋은 상담가에 대해서 말했지만, 옛말마따나 좋은 선생은 모범을 보여 주고, 훌륭한 스승은 영감을 준다고 했다. 마찬가지로 좋은 상담가는 스스로 자신의 삶을 치유적이고 온정적인 인생으로 살아감으로써 내담자에게 모범이 되어 주고 때로는 영감도 준다. 이들은 결코 경쟁적인 사람들이 아니다. 그리고 결코 내담자를 돈벌이 수단으로 생각하지 않는다. 대다수의 내담자는 이런 상담가들에게 치료를 받아야 치유가 온전히 진행될 수 있다.

상담가 본인의 마음 치유와 함께 자신이 상담하는 내담자의 사례를 갖고 조예가 깊은 스승의 지도를 받으며 상담가는 전문성을 쌓아갈 수 있다. 심리상담은 이론만으로 진척이 이뤄지는 것이 아니기에, 많은 임상 경험과 함께 존경하는 스승에게 슈퍼비전(Supervision)을 받을 것이 요구된다. 그러나 아쉽게도 한국의 많은 상담가는 그런 환경에서 일하지 못하고 있다.

02
초심 내담자의 행운

'초심자의 행운'이란 말이 있다. 어느 책에서 읽은 것 같은데, 절실한 첫 마음가짐으로 모든 일을 행할 경우 행운이 따라온다는 말이다. 심리상담에도 초심 내담자의 행운이란 것이 있다.

보통 내담자가 상담 과정에 참여하게 되는 결정적인 이유는 일상생활에서 갈등을 겪기 때문이다. 주로 그 갈등은 사람과 관련된 경우가 많다. 더구나 한국처럼 고맥락 관계 사회에서 생활하다 보면 사람으로부터 받는 상처와 고민이 생각보다 많다.

신화를 보면 영웅이 꾐에 빠져 여정을 떠나거나, 어떠한 사건을 촉발해 주는 고지자를 만나게 됨으로써 영웅 여행을 떠나게 된다. 현실적으로 고지자는 갈등을 유발하는 당사자를 말하는데, 어떻게 보면 인생에는 일장일단이 있듯이 이들은 내담자에게 이전에 깨우칠 수 없었던 자신의 본모습과 만나게 해 준다.

내담자의 삶에서 고지자는 부모가 될 수도 있고, 친구, 애인 혹은 직장 상사 등 다양한 모습으로 나타난다. 우리는 처음 상담실을 방문할 때, 이들이 자신에게 화살을 쐈다고 여긴다. 그런데 상담가 선생님과 몇 차례 이야기를 나누다 보면 꼭 그 화살이 그들로부터 쏘아진 게 아니란 것을 깨닫게 된다. 이것이 초심 내담자가 만나게 되는 첫 번째 행운이다.

다음 행운은 내담자가 이전 자신의 삶에서는 결코 만날 수 없었던 인물, 즉 훌륭한 상담가를 실제로 만나게 된다는 점이다. 우리는 보통 독서를 통해서 동서고금의 훌륭한 인물과 조우한다. 자신과 느낌이나 사상이 통하는 저자를 만났을 때를 생각해 보라. 마찬가지인 것이 상담가는 우리에게 매우 친근한 대상이 되어 주고, 깨달음과 더불어 깊은 공감을 나눠주는 인물이 되어 준다. 더 나아가 상담가는 우리에게 때로는 부모, 때로는 친구, 때로는 스승이 되어 주기에 내담자는 행운의 기회를 가지게 된다.

더욱이 내담자는 자기 객관화를 해 볼 기회를 얻게 된다. 어느 작가의 말로는 우리가 이성과 연애할 때, 연인이 타인이므로 우리 마음대로 되지 않기 때문에 자신을 되돌아볼 기회가 많다고 했다. 그리고 익숙하지 않았던 곳으로 여행을 떠났을 때도, 이전의 자신의 방식대로 되지 않기 때문에 새롭게 자신을 성찰할 수 있다고 했다. 심리상담도 마찬가지인 것이, 이전에는 결코 닿을 수 없었던 우리 마음의 밑바닥과 만나는 기회를 얻게 된다. 이 부분은 우리가 잠을 잘 때 꿈을 통하여 도달하게 되는 곳인데, 상담 과정은 상담가가 우리의 거울 역할을 해 주기에 우리의 무의식과 만나는 데 효과적이다.

내담자가 처음 상담실을 방문할 때는, 자신의 고민이나 문제에 절실한 태도로 임하기에 초심자의 행운이 가장 잘 닿을 수 있다. 이때는 에너지가 넘쳐서 자신의 상황을 다각도로 바라보고 상담가와의 시간에 매우 집중한다. 증상이 가벼운 내담자는 금세 자신의 문제점에 대해서 인식하고 삶의 태도를 교정한다. 하지만 성격장애와 같이 성격이 오래 고착된 경우에는 상담가가 오랜 시간 정성을 들여야 한다.

또한, 내담자는 이전에는 결코 가질 수 없었던 영혼의 쉼터를 갖게 된다. 바로 상담실이다. 상담실은 내담자의 모든 것이 되어 준다. 그곳은 그 어떤 장소보다 평화롭고, 모든 실험을 해 볼 수 있는 공간이다. 미친 사람처럼 웃고 울어도 되고, 아무 말 없이 상담가와 마주 앉아 오랜 시간을 보내도 된다. 그 공간에서는 그저 자신이 하고 싶은 대로, 자신이 편한 방식대로 있으면 된다. 누구도 간섭하지 않고, 누가 지시도 하지 않는다. 보통의 내담자들에게 이런 공간은 처음 느껴 보는 자유의 장소일 것이다.

03
상담가를 왜곡해서 느낌

많은 이가 처음에는 상담에 열정적으로 참여하다가도 어느 시기가 되면 그 에너지가 감소한다. 발심이 초심보다 어렵다는 불가의 말도 있지만, 심리상담도 끊임없이 자신에 대해서 생각하고 탐험하는 시간을 가져야 한다.

많은 이가 불평하는 것 중에 상담가가 내 이야기만 듣고 아무런 말도 해 주지 않는다는 이야기가 있다. 상담가는 내담자의 이야기를 경청해 주고 존중해 주는 사람이다. 상담가가 내담자를 소홀히 대해서 그럴 일은 없을 것이다. 그렇다면 문제는 어디에 있을까?

보통의 정신건강의학과 전문의들은 정신분석을 기본적으로 배운다. 거기에 보면 내담자의 상태가 준비되었을 때, 반영해 주고, 직면해 주고, 훈습해 주는 치료법이 있다. 많은 수의 상담가는 내담자를 존중한다. 그래서 상담가는 때가 되면 그런 치료 작업을 하기 마련이다.

동양 명언에도 “생선 굽을 때는 이리저리 뒤적거리지 말라.”라는 말이 있다. 심리상담도 마찬가지인 것이, 내담자는 답답한 마음에 조급하겠지만, 상담가가 자신의 이야기를 경청해 준다는 것에 만족해야 한다. 너무 앞선 마음에 욕심을 부리면 될 일도 되지 않게 되는 우를 범할 수 있다.

이런 경우 내담자 중에 상담가를 탓하며 다른 상담가에게 상담을 받으러 가는 경우가 있는데 그 경우가 앞에서 말한 명언에 해당할 것이다. 물론 내담자 자신과 상담가가 적절히 소통되고 공감이 나눠지지 않는다면 다른 전문가를 찾는 것이 맞다. 그런데 많은 경우는 내담자 자신이 치료 과정을 견디지 못함으로써 불편해지고 불평하게 되는 경우다.

그렇게 되면 많은 수의 내담자가 상담가를 왜곡해서 바라보고 느끼게 된다. 이전에 자신이 싫어했던 중요 인물로 비치기에 상담가를 생각만 해도 끔찍해지는 것이다. 이것이 앞서 말한 전이 현상이다. 전이가 나타났다는 것은 치료가 원만히 진행되고 있다는 의미다. 그러니 안 좋은 느낌이 든다고 해서 상담가를 금세 바꿔버리거나 심리상담을 그만두는 것은 현명하지 못한 행동이다.

이들은 심리상담 과정을 상담가에게 의존하는 것으로 생각하는 경향이 있다. 옛말에 또 이런 말이 있다. "최고 수준의 명의는 애초에 아프지 않게 하고, 그다음으로 훌륭한 명의는 증상이 나타나기 전에 고쳐 주고, 그다음으로 좋은 명의는 사람들이 아프다 할 때 고쳐 준다."라는 말이다. 일반적으로 병은 빨리 발견할수록 치료 경과가 좋다. 심리상담도 마찬가지인 것이, 훌륭한 상담가는 내담자가 앓는 부분이 아니라, 전체 생활에서 필요한 내용을 다룬다. 그런데 이 과정을 많은 수의 내담자가 오해한다. 그럴 때 내담자에게 필요한 것이 인내다.

우리는 충동을 참지 못하고, 주로 중독된 상태를 겪기에 심리상담을 받으러 간다. 따라서 상담 과정에서 인내하는 것은 내담자들에게 중요한 과제다. 앞서 심리상담을 정직해지기와 진실하기 놀이라고 말했다. 심리상담은 현실을 정확히 반영할 것을 요구한다. 따라서 내담자는 상담가가 상담 과정에 최선을 다한다는 것을 믿고, 치료 시간에 집중하는 것이 좋다.

또한, 다른 내담자 유형도 있다. 이들은 상담가를 자신의 인생에서 매우 중요하게 존중했던 인물로 우상화한다. 심리상담 초기에는 내담자의 현실 자아가 튼튼하지 못해서 상담가를 있는 그대로 바라볼 수 없다. 이 점을 생각한다면 내담자가 전이 현상을 나타내는 것은 아주 정상적인 과정이다. 그리고 이 경우처럼 상담가를 우상화해서 바라볼 경우에는 내담자가 상담 시간에 경직되고, 상담가의 눈치를 보게 될 가능성이 높다.

정신이 건강하다는 것은 현실을 있는 그대로 정확하게 바라보는 것이다. 아쉽게도 많은 수의 사람이 현실을 왜곡하고 불투명하게 인식한다. 그렇게 바라보게 되면 세상이 굴절되고 사람과 갈등의 소지도 많아진다. 불가에서도 전해지는 말 중에, "우리 중생들은 끊임없이 자신만의 왜곡된 필름을 돌리며 하루하루를 살아간다."라는 말이 있다. 그만큼 현실을 정확하게 인지한다는 것은 어려운 과제다.

내담자들도 상담가를 왜곡해서 바라보고 싶어서 그렇게 인지하는 것이 아니다. 내담자의 세계관대로 세상과 사람들이 보이기에 상담가를 아쉽게 생각하게 되는 것이다. 이런 메커니즘을 알게 되면, 우리들은 진척이 없어 보이는 상담 과정을 더욱 잘 보낼 수 있고, 그 과정을 더욱 잘 완수할 수 있을 것이다.

04
자신의 문제에 대한 인식

아르헨티나의 소설가 보르헤스(Jorge Luis Borges, 1899~1986)의 책에 보면 이런 이야기가 나온다. 화살을 맞은 사람이 있는데 그는 화살을 뽑지 않고, 누가 이 화살을 쐈는지에 대해서만 계속 생각한다. 그렇게 있는 동안에 화살로 인한 그의 상처는 더 심해지고 곪는다.

많은 수의 내담자도 같은 모습을 보인다. 이들은 마음의 상처를 입게 되면 치유에 뛰어들 생각을 하지 않고, 자신에게 상처를 준 가해자에 대한 생각만으로 가득 차서 분노를 보인다. 상식적으로 생각해 봐도, 상처를 입은 사람에게 가장 절실히 필요한 것은 치료를 하는 것이다. 그런데 그 과정이 쉽지 않다.

어렸을 적에 우리는 부모로부터 작든, 크든 상처를 받는다. 부모들도 완전한 인간은 아니기에 의식적 혹은 무의식적으로 자녀를 양육하면서 그렇게 하게 되는 것이다. 문제는 우리가 상처를 입었으면 그 상처를 치료하는 데 에너지를 집중해야 하는데, 어떤 이들은 부모를 원망하면서 허구한 날을 보내게 된다는 점이다.

심한 이들은 자신의 삶을 망가트리면서 자신의 부모에게 "나를 보라고요. 제 인생이 당신들 때문에 얼마나 엉망진창이 되었는지 똑똑히 보라고요."라며 부모를 탓하며 원망하는 시간을 보낸다. 이들은 치료할 수 있는 세월을 놓쳐서 자신의 인생을 엉망으로 만든다.

심리학에서 용서는 최근 중요하게 관심을 갖는 주제다. 앞에서 말한 이야기들도 상처 입은 사람들이 가해자를 용서하지 못해서 발생하는 비극이다. 그리고 현대 사회에 들어서서 사회가 빠르게 변화되고 복잡해지면서 많은 사람이 분노를 참지 못하고 쉽게 화를 낸다. 이 점도 용서와 밀접하게 관련이 있는 이야기다.

우리는 왜 용서하지 못할까? 그것은 먼저 자신의 아픔이 사라져야 가능한 것이기 때문이다. 상처 입은 사람은 쉽게 용서할 수 없다. 그런데 역설적이게도 우리가 치료되기 위해서는 먼저 용서해야 한다. 우리에게 상처를 준 사람을, 어려서 피치 못하게 상처를 준 부모를 용서해야 치료에 진전이 있다.

또한, 심리상담이 우리에게 가져다주는 이점은 그 전에는 책을 통해서만 간접적으로 알았다면, 이제는 거울처럼 반사 대상의 역할을 해 주는 상담가 덕분에 자신의 현 존재에 대한 인식이 새로워진다는 것이다.

자신이 왜 그토록 외로웠는지, 왜 그토록 공허했고, 사람 관계에서 힘들어했는지 등을 파악할 수 있게 된다. 이 통찰은 매우 중요한 것이, 사람이 행복하게 살아가는 데는 물질도 중요하지만, 정서적 안정과 영혼의 쉼 또한 소중하기 때문이다.

부처는 인생을 가장 큰 고통의 바다, 즉 고해(苦海)라 했다. 그만큼 많은 수의 사람이 고통 속에서 하루를 살아간다. 그들은 그저 돈만 많이 벌면 행복해질 것으로 생각하는데 그것은 큰 오산이다. 물질은 적당한 수준을 넘어서게 되면 우리의 행복에 큰 영향을 끼칠 수 없다. 게다가 물질은 우리의 마음먹기에 따라 그 소유의 정도를 맞출 수 있다. 그런데 마음과 정신은 다르다.

현재 서점가에서 행복이나 심리학 서적이 많이 팔리는 이유도 더 이상 물질만으로는 내면의 공허와 외로움이 채워지지 않기 때문이다. 그것은 자신을 있는 그대로 놓아줄 때 가능하다. 사회생활에서 만나는 관계가 아닌 이상, 우리는 관계에서 눈치를 볼 이유가 전혀 없다. 자신이 가장 친한 친구와 있을 때처럼 편하게 행동해도 된다. 그런데 많은 사람이 있는 그대로의 자신과 만나지 못하는 이유는 자아상이 부정확해서다.

심리상담은 자기 마음의 해부도를 자신이 관찰하게 해 준다. 자기 스스로 창피하게 생각하는 것이 무엇인지, 수치심과 열등감 등 자신의 허약한 부분에 대해서 다루기에 상담 과정을 거칠수록 자아가 튼튼해진다.

결국 자신이 스트레스를 많이 받게 되는 이유와 현실 적응력이 떨어진 원인에 대해서도 살필 수 있다. 이는 상담 과정을 통해 얻을 수 있는 이점으로, 자기 인식력이 좋아짐으로써 스트레스에 대한 저항력이 높아지고, 현실을 더욱 여유 있게 바라보며 살아갈 수 있게 된다.

05
부모님에 대한 아쉬움

20세기의 위대한 사상가를 3명 꼽아 보면 마르크스(Karl Heinrich Marx, 1818~1883)와 니체(Friedrich Wilhelm Nietzsche, 1844~1900) 그리고 프로이트(Sigmund Freud, 1856~1939)를 꼽을 수 있다. 이들에 관한 재미난 이야기가 있는데 마르크스는 이 세상이 부조리한 게 부자들 때문이라고 했고, 니체는 권력자들 때문이라고 했으며, 프로이트는 이 세상이 이렇게 문제가 많은 이유가 바로 부모들 때문이라고 했다. 물론 농담이겠지만, 어떻게 보면 약간의 일리가 있는 말 같다.

심리상담을 받게 되면, 자연히 자신의 뿌리인 부모 세대로 거슬러 올라가지 않을 수 없다. 한국인은 일제 식민지와 남북 전쟁 그리고 군부 독재 시절을 거치며 상처가 많은 역사를 살아왔다. 그만큼 우리 부모 세대는 힘든 질곡과 상처 속에서 많은 시간을 살았다. 그러니 그분들은 상처가 많은 내면을 지닐 수밖에 없었다.

사회적으로는 분열되고, 나만 아는 이기주의가 세상을 각박하게 만들었다. 이런 환경에서 살아가는 우리는 스트레스를 많이 받지 않을 수 없다. 그렇지 않아도 살아가기 힘든 세상인데, 어떤 이들은 부모의 양육을 적절히 받지 못하고 자라기도 했다. 이것은 엎친 데 덮친 격이다.

상담 과정을 통해 양육자의 중요성을 많은 내담자가 깨달아 간다. 그래서 그들은 상담 초기에는 자신을 잘 양육하지 못한 부모를 원망하기 일쑤다. '이게 다 부모님 때문이다.'라는 사고가 형성되는 것이다. 심하면 이 메커니즘이 잘 고쳐지지 않는 문제도 있다.

물론 그중에는 정말 성격이 미성숙하고 자녀에게 정서적 지지와 관심을 주지 못한 부모들도 있다. 그런데 아직 세상은 살 만한 것이, 많은 수의 부모가 자신이 할 수 있는 최선을 다해서 자녀를 키운다. 그들도 부모 세대로부터 애정 어린 관심과 사랑을 받은 경험이 없으므로, 자녀들에게 그 사랑을 대물림해 줄 수 없다. 이것은 매우 안타까운 일이다. 심리학에서는 사랑을 받아 본 경험이 많은 사람이 사랑도 나눠줄 수 있다고도 했으니 말이다.

많은 수의 내담자는 건강한 양육을 받으며 성장하지 못했다. 심리상담에 참여한다는 것은 대단한 용기가 있어야 결정할 수 있는 일이고, 이들은 성장하려는 의지가 그만큼 높다는 것이다. 이런 용기와 의지가 있는 이들은 언젠가는 치유된다. 질서정연하고 자제력이 있는 부모 밑에서 성장하지 못했다고 하더라도, 그 부모에게 사랑이 존재하면 건강한 아이들로 성장할 수 있다고 했다.

현대 사회에는 건강한 어른이 부재하다. 한 사회에서 어른의 역할은 자라나는 세대에게 역할 모델이 되어 주는 것인데, 그것이 가능하지 않다는 말이다. 그래서 그토록 많은 젊은이가 혼란스러운 삶을 살게 되고, 인생에 질서가 잡히지 않는다.

따라서 많은 수의 젊은이가 건강하지 않은 어른들을 보면서 자랄 가능성이 높다. 그런 사회에서는 수많은 여자가 애정 결핍 상태를 겪어서 사랑 때문에 불행해지고, 수많은 남자가 독립심을 기르지 못한 채로 자립에 성공하지 못한다.

애정 결핍은 또 다른 미성숙을 불러와 연인 관계가 건강해지지 못하는 우를 범하게 되고, 독립하지 못한 젊음은 그 생명력을 기르지 못한 채로 부모에게 의존하며 삶을 연명하게 한다. 이것은 이 사회의 매우 불행한 모습이고, 건강한 미래 세대를 키울 수 없는 뼈아픈 모습을 반복하게 한다.

즉, 우리나라에서 어른을 제대로 길러내고 있지 못하다고 보면 된다. 건강한 어른이 부재하기에, 건강한 가정도 적을 수밖에 없다. 또 거기에서 건강한 아이들이 성장할 수 없는 과정이 되풀이 된다.

이런 상황에서 다행히 심리상담 과정에 참여하는 사람들이 늘어나는 것은 반가운 소식이다. 심리치료에 이런 말이 있다. "자기의 부모보다 정신적으로 건강한 사람은 드물다." 매우 정확하면서도 정곡을 찌르는 명언이다. 상담 과정에 참여하는 내담자는 자신은 물론이고 부모의 정신 건강 상태를 극복하려는 용기와 의지를 지닌 사람들이다. 이들 내담자는 결국 부모를 탓하는 단계를 벗어나서 자신이 상황의 지배자가 될 것이다. 이것은 매우 건강한 생각으로 내담자들을 더욱 나은 정신적 건강으로 이끌 것이다.

06
치료를 중단하는 사람들

훌륭한 정신의학자 스캇 펙이 말하길, 상담에 아무리 열광하던 사람이라고 하더라도 치유에는 자신의 노력이 필요하다는 것을 깨닫게 된 내담자들은 열에 아홉은 상담을 몇 회 혹은 몇 달 안에 그만둔다고 했다. 그들은 그저 이전보다 즐겁게 살길 바랐고 가뿐해지길 원했다는 이유를 들었는데, 심리상담은 꼭 그런 과정이 아니다.

심리상담에 잘 참여한 내담자들의 경우에는 자신들은 이전에 받아 보지 못한 존중을 상담가로부터 받은 것을 인상 깊게 여긴다. 그리고 그들은 상담에 참여할 때의 고민과 문제들을 벗어나 이제는 다른 고민이나 더 심화한 과제를 안고 상담실을 떠난다고 역시 스캇 펙은 말하고 있다.

인생에 정답이 있을까? 이건 너무 어려운 질문일 수 있겠다. 그렇다면 심리상담을 잘 끝마치는 과정에는 정답이 있을까? 스캇 펙의 말로는 인생이란 것도 단순한 게 아니라 여러 가지 사정이 얽힌 복잡다단한 과정이라고 했다. 그러면 심리상담도 내담자의 수만큼이나 다양한 접근법과 치료 과정이 있을 수 있겠다.

그러면 왜 그렇게도 많은 사람이 심리상담을 그만두게 되는 걸까? 이것을 말하기에 앞서서 성경 구절을 하나 가져와야겠다. 성경에는 "부름을 받는 이들은 많지만, 선택당한 자는 적다."라고 기록되어 있다. 이것은 심리상담의 경우에도 해당하는 말이다. 왜 그렇게도 많은 사람이 심리상담에 참여하는 데도 불구하고, 온전하게 치료를 완수하는 사람들은 소수일까?

그것은 우리의 게으름 때문일 수 있다. 스캇 펙은 더 나아가 이 원인을 엔트로피의 불가역성 때문이라고 말한다. 엔트로피란 쉽게 말해서 우리가 옳게 행동하는 것을 방해하는 힘으로 이해하면 된다. 그래서 스캇 펙은 자신이 어떤 결정을 해야 할 때, 망설여지면 고개를 저으며 자신이 원하지 않는 길로 선택한다고 했다. 엔트로피의 힘을 고려한 결정이다.

사람들은 정신 건강에 대해서 쉽게 생각하는 버릇이 있다. 대충 생각하고 살면 되는 것으로 착각하는 사람들도 있다. 대충 생각하고 살면 인생을 대충 살게 되는 것이다. 인생을 제대로 살고 있다는 것은 사려 깊게 충분히 생각하며 사는 삶을 말한다. 그들은 주위 사람들로부터 "당신은 생각이 너무 많다."라는 말을 듣게 될지언정 충분한 사고를 한다.

게으름도 마찬가지인 것이, 오늘 할 것을 내일로 미루게 되는 사람은 호미로 막을 수 있는 걸 가래로 막아야 하는 경우가 생길 수 있다. 그리고 많은 부모가 자녀가 문제 행동을 보여도 "시간이 지나면 저절로 좋아질 것으로 생각했어요."라고 하는데 이것도 게으름의 일종으로 볼 수 있다. 모든 병이 그렇지만, 정신의 병도 빨리 진단하고 알아차리는 것이 중요하다.

내가 존경하는 선생님의 책에는 이런 말이 나온다. 어떤 여자가 바다로 가기 위해 사거리를 지나야 했다. 그런데 이 여자는 가던 길을 매번 되돌아와서 다른 길로 가다가 또 돌아오곤 했다. 그러다 세월이 흘러서 이 여자는 할머니가 되었다. 그런데 나중에 알고 보니 사거리의 사면은 모두 바다로 이뤄져 있어, 어느 길로 가든 바다로 갈 수 있었다고 한다.

위에서 하는 말의 의도는 다음과 같다. 결국 심리상담이 되었든, 우리가 하는 일이 되었든 처음에 신중하게 선택했으면 중간에 포기하지 말고 끝까지 가라는 의미다. 그런데 생각보다 많은 사람이 길을 가는 중에 벽을 넘어서지 못한다. 벽은 우리의 능력을 시험하는 것으로 생각하면 된다. 심리상담은 우리의 삶을 이전보다 더욱 효과적으로 이끌어 주고, 인간관계의 스트레스를 줄여 줄 뿐만 아니라 관계 밀도를 높여 준다.

어렵고 힘들더라도 우리에게 힘이 되어 주는 상담가 선생님을 믿고 의지하며 처음 나선 그 길을 따라가면 된다. 그럴 때 우리는 분명 부모 세대로부터 내려오는 숙명의 끈을 끊을 수 있게 되고, 더욱 건강한 내면을 지니게 된다. 심리상담에 참여하고 있는 사람들은 한번 깊이 숙고해 봐도 좋을 것이다.

나에게도 일어났던 일 ❷

선생님과의 첫 만남은 신선했다. 기존의 나는 의사를 별로 신뢰하는 사람이 아니었다. 그들을 권위적이고 체면만 생각하는 존재로 여겼다. 그런데 상담실에 처음 들어갔는데, 매우 온화해 보이고 부드러워 보이는 선생님의 모습은 의외였다.

선생님은 내 이야기를 신중히 잘 들어 주셨다. 나중에 좋은 상담가에 대해서 글에서 찾아 읽기로는 그들에게서는 혼자서 예배당이나 깊은 산사에 방문했을 때의 선선함과 한적함이 느껴진다고 하는데 선생님에게서 그런 느낌이 들었다. 그리고 나는 선생님이 매우 편안하게 느껴졌다.

길에서 선생님을 우연히 마주친 기억이 있는데, 다른 사람들과 좀 다른 것 같으면서도 자신의 내면 상태에 깊이 침잠해 있는 듯한 모습이 느껴졌다. 그리고 우연히 상담이 끝나고 상담실에 들어갈 경우에는 일반적으로 선생님은 매우 엄정하게 느껴지기도 했다.

내가 10년 동안의 상담에서 경험하기로는 선생님은 정말 좋은 상담가라는 생각이 든다. 나는 10년 동안 정말 상담을 받으러 많이 갔는데, 그때마다 선생님은 나를 정중하게 대해 주셨고, 내 이야기를 경청해 주셨다.

나는 사람들의 눈치를 많이 보는 편이라, 이 점은 현재까지도 잘 고쳐지지 않는다. 그래서 상담실에서 선생님께서 내게 "혼자 있는 것처럼 편안히 있으셔도 돼요."라고 말씀해 주시는데도 불구하고 나는 선생님이 어렵게 느껴진다.

물론 선생님을 존경하는 내 마음은 나도 이해한다. 그런데 선생님은 나에게 있어서 상담가이시다. 그런데도 이런 분리는 아직 잘 일어나지 않는다. 그것은 바로 전이 때문인데 나는 이게 상당히 길게 이어지고 있다.

앞서 이야기한 대로 나의 경우에는 상처가 깊고 지독히도 고집이 세다. 이런 나는 치료가 쉽게 이뤄지는 유형의 내담자가 아니다. 선생님과 상담하며 나도 이런 나의 상처와 성격을 이해해 나가고 있다.

처음에는 몰랐다. 그저 사람을 많이 두려워하고, 어머니에 대한 적개심이 가득한 상태인 것으로만 알았다. 그런데 선생님은 내게 성격적 고착이 심하고, 피해와 과대하게 생각하는 특성이 강하다고 하셨다.

선생님과는 특별한 에피소드가 없다. 보통 내담자들은 상담가와의 특별한 이야기가 있을 텐데, 나는 아직도 긴장을 많이 하는 탓인지 선생님이 그저 대단하게 느껴질 뿐이다. 나의 경우에는 존경하는 분을 우상화하는 버릇도 있다.

다음으로는 나에게도 고지자가 많이 있었다. 그들의 영향이 없었다면 결코 나는 빠른 시기에 심리상담을 시작하지 않았을 것이다. 나의 경우에는 어머니와 살면서 한 번도 다툰 적이 없었는데, 20대 후반에 어머니와 함께 살기 시작하면서 지독히도 많은 갈등이 있었다.

그리고 어느 모임에서 알게 된 선배에게 스트레스를 많이 받게 된다. 그 선배는 내 느낌으로는 꽤 권위적인 스타일이었다. 또한, 거기서 동갑인 친구를 알게 됐는데 그 아이와 사귀면서 나는 심한 괴로움을 겪게 된다.

이런 말이 있다. "우리는 자신 속에 있는 성격적 특성을 가진 사람을 싫어한다." 나의 경우에는 권위적인 성격을 가진 사람들과 잘 지내지 못했는데, 그 반대를 보면 내 안에 그렇게도 권위적인 특성이 많이 있다는 의미다.

여자친구와는 그냥 친구로 지내고 싶었는데, 모임에서 알게 되어서 사귀는 것은 매우 부담스러웠기 때문이다. 그런데 그냥 사귀게 됐고, 나는 그 아이와 사귀면서 인내심의 한계를 느꼈다. 관계를 불안정하게 맺는 그 친구 때문에 심한 괴로움을 느꼈다.

결국 이 세 명의 사람 덕분에 나는 31살의 약간 늦은 나이에 처음으로 심리상담을 시작하게 된다. 심리상담에는 이런 말이 있다. "상담으로 치료되는 데는 자신이 살아온 시간만큼이 필요하다."

내 경험에 의해서 볼 때도 심리상담은 되도록 이른 나이에 시작하면 그 경과가 훨씬 좋다. 나는 지독히도 고집을 부리다 아주 상태가 나빠진 다음에 상담을 시작하게 되어 치료가 잘 이루어지지 않았다.

나는 심리상담을 신화에 나오는 영웅 여정과 비슷하게 생각하는 버릇이 있다. 실제로 우리의 삶은 인류의 집단 무의식과 잘 닿는다. 영웅은 꿈에 빠지거나 고지자로부터의 안내가 시작되어 여정을 떠나게 된다.

나는 처음에는 세 명의 존재를 매우 불쾌하게 생각했다. 그런데 선생님께서 내 이야기를 잘 들어 주셔서 '혹시나 나에게 큰 문제가 있어서 그들도 나를 불편하게 느끼지 않았나?' 하는 통찰로 이어지게 됐다.

치료를 처음 시작할 당시의 나는 매우 절실했다. 그래서 그렇게도 상태가 금세 호전을 보였는지 모른다. 두통은 금방 사라졌고, 1년 뒤 나는 나에게 잘 맞는 곳에 취업도 하고 일도 잘하게 되었다. 또한, 거기서 매우 좋은 회사 선배를 만나게 된다.

선배와는 성격이 정말 잘 맞았다. 그래서 선배와 매일 붙어 다니며 회사에서는 종일 같이 있었고, 점심시간에는 도서관에 함께 갔으며, 퇴근 후에도 우리는 많은 시간을 함께했다. 총 8년을 같이 일했는데, 아마 시간의 밀도로 보면 훨씬 깊이 지냈을 것이다.

회사에서는 우연히 사내 연애라는 것도 해 보게 되었다. 어느 날 면접을 보러 온 여자아이가 매우 귀엽게 느껴졌다. 그 아이가 입사하고 동갑이어서 쉽게 친해졌다. 치료 초기의 선생님의 노력과 나의 행운 덕분에 그 아이와 사귀게 되고, 처음으로 열정적으로 누군가를 좋아해 보게 됐다.

일도 잘되었다. 책을 좋아했던 나는 마케팅 대상을 잘 선정했다. 그래서 새로운 분야의 사람들을 생각해서 내가 일하던 주간지와 그분들을 잘 연결해 독자로 만드는 데 성공했다. 모두 선생님의 사려 깊은 상담 덕분에 내가 취업을 하게 되었기에 이뤄진 일이었다.

이때 내 인생 처음으로 경제적 독립도 이뤄, 현재까지 내 힘만으로 경제적 생활을 유지하고 있다. 물론 상담심리대학원에 입학하면서 하는 일에 관심과 비중을 덜 두는 바람에 학비는 부모님의 도움을 받았다.

그리고 나의 경우에는 부모님과의 다툼으로 퇴행과 실패를 크게 겪었다. 그래서 또래에 비해서는 경제적인 안정을 아직 이루지 못했다. 나는 이를 원망하지 않는다. 모든 일에는 좋은 점과 나쁜 점이 함께 온다는 것을 이해하게 됐기 때문이다.

내게도 선생님이 불편하게 여겨질 때가 있었다.

상담 초기에는 매우 선생님을 존경했고, 나도 집중했기 때문에 치료가 잘 이뤄졌다. 나의 상태도 금세 호전을 보였다. 그런데 나의 경우에는 몹시 나쁜 상태에서 상담에 참여하였기 때문에 나를 괴롭히는 점들이 나타나기 시작했다.

나는 글에 영향을 많이 받는 편이다. 구본형 선생님을 알게 되고 얼마 후, 매우 독특하고 재미있는 작가 두 명을 알게 된다. 나는 그들의 영향을 아주 크게 받고 그들에게 심취하여 생활했다.

그 여파로 나는 정치란 것에 난생처음으로 관심을 갖게 된다. 그리고 글을 써서 혼자 유명해지고 싶은 충동을 느꼈다. 회사에 잘 다니면 됐을 텐데, 어머니와 다투게 되면 나는 방 안에 처박혀서 혼자 매우 괴상한 글을 쓰는 취미를 갖게 됐다.

처음에는 피해 의식적인 느낌이 심해서 세상을 공격하는 글을 썼다. 그랬더니 상담가 선생님과 상담하는 시간이 점점 부담스럽게 느껴졌다. 이 둘을 당시에는 나는 흑백 논리로 받아들였다. 상담을 받았으니 착하게 살든가, 아니면 괴짜로 살든가 선택해야만 할 것 같았다.

그래서 어느 날은 선생님께 "상담 그만 받겠습니다."라고 말하며 나온 적도 있고, "약만 받아 가겠습니다."라며 나온 적도 있다. 그만큼 당시의 내 정신은 매우 혼란스러운 상태였다. 나는 글을 써서 유명해져야겠다는 생각만 충만해져 있던 시기였다.

그러다 그게 현실에서 잘 이뤄지지 않을 경우에는, 다시 선생님을 찾아가 존경하는 마음으로 상담에 임하게 된다. 이 과정의 끊임없는 반복이 나의 상담 과정이었다. 다행히도 선생님은 그런 나를 편견 없이 매우 일관된 모습으로 받아 주셨다.

그렇게 나는 내 문제에 대해서 새롭게 인식하며 선생님과의 상담을 오랜 시간 갖게 된다. 스캇 펙을 좋아하는 나는 상담이 그렇게 쉽게 이뤄지지 않는다는 것을 알고 있다. 또한, 나의 경우에는 고집이 지독히 센 성격이고, 나는 내 상처가 깊다는 것을 의식하고 있다.

하나의 에피소드가 있다. 그것은 내가 아버지에게 반말을 쓰는 게 어느 날부터 이상하고 불편하게 여겨졌을 때의 일이다. 선생님의 도움을 받으며 처음에 하나씩 아버지께 존댓말을 써 보니 조금씩 좋아졌다. 그렇게 나는 30대 초반이 되어서 처음으로 부모님께 존댓말을 쓰게 되었다.

부모님에게 아쉬움을 느끼는 부분도 있다. 아버지는 탄광에서 일하시다가 산업재해를 입으셔서 평생을 정신과 환자로 지내오셨다. 그래서 우리에게 깊은 관심을 쏟지 못하셨다. 어머니도 지배적인 성격이기도 했고, 우리들을 잘 양육할 여유도, 마음도 없으셨던 것 같다.

부모님은 방목 스타일보다 더 안 좋은 방치 스타일로 우리들을 양육하신 것 같다. 요즘 들어서 그런 생각이 든다. 나의 경우에도 어떠한 요구와 칭찬을 받아본 기억이 없다. 그저 '너희들이 알아서 잘하겠지….'라는 방식이 있었을 뿐이다.

어려서는 부모의 지지와 관심 속에서 성장하는 게 중요하다. 그것이 그 아이들의 향후 자립과 인간관계에 영향을 끼치기 때문이다. 우리 부모님의 경우에는 자녀들을 독립적으로 키워 주지 못했고, 부모님들도 인간관계가 넓지 못하셨다.

그래서 나의 경우에는 그렇게도 독립적으로 삶을 향유하는 데 큰 어려움을 겪고 있다. 사람들과의 관계에서도 불편한 마음이 먼저 앞서는 편이다. 그래서 낯을 많이 가리게 됐고, 낯선 사람과는 잘 친해지려고 하지 않는다.

깨우침 셋

나는 누구인가

인간이 육체적으로나 심리적으로 탯줄을 통해서 너무나 어머니에게 밀착되었기 때문에, 의존과 편견과 미숙에서 독립과 지혜와 성숙으로 가는 길이 얼마나 외로운 길인지 알 수 있다.

- 롤로 메이(Rollo May, 1909~1994)

3장에서는 안정 애착과 불안정 애착을 먼저 이야기한다. 양육자와 안정적인 관계를 맺은 아이들은 향후 성장해서 삶이 잘 풀린다. 그런데 불안정 애착의 아이들은 각자 자신만의 문제를 나타내게 된다.

불안정 애착에는 회피 애착과 저항 애착 그리고 혼란 애착이 있다. 회피 애착은 아이들이 모든 것으로부터 관계를 철수하는 것이다. 저항 애착은 양육자에게 애정을 갈구하고 분노한다. 혼란 애착은 가장 상태가 안 좋은 경과를 나타낸다.

나는 가정을 건강한 유형과 건강하지 않은 유형으로 나눠서 살펴본다. 그 이유는 현대의 많은 가정이 건강하지 않은 유형, 즉 역기능 가정으로서 존재하기 때문이다. 그 속에서 아이들이 자라게 되면 자신을 창피한 존재로 여기게 된다.

건강한 남자와 여자의 모습에 대해서도 이야기한다. 좋은 남자는 사람과의 인연과 관계를 소중히 한다. 그리고 자신이 잘하는 일을 한다. 좋은 여자는 부모의 모범을 보고 자란 경우가 많다. 그래서 그녀들은 관계가 안정적이고 행복한 모습을 보인다.

현대 사회의 질병인 아이들에게는 성적, 어른들에게는 돈만 이야기하는 부조리한 사회 현상에 대해서도 살펴본다. 우리는 어린 시절에는 이런 모습이 아니었다. 자기 자신만으로 충분했고, 세상은 가능성의 장이었다. 그런데 왜 우리는 그렇게 퇴색되어 버렸을까?

우울하다고 호소하는 사람들이 늘어나고 있다. 삶에서 희망을 발견하지 못하고 오늘도 많은 이가 좌절하고 있다. 사회생활을 하며 자신을 너무 소진해 버린 탓에 번아웃 증후군에 빠진 사람들에 대해서도 이야기한다.

자아가 튼튼하지 못해서 충동적이고 자연 만족을 이루지 못하는 사람들과 지나친 도덕 관념에 휩싸여 자신을 지나치게 감시하는 사람들의 원인과 모습에 대해서도 살펴본다. 이는 프로이트가 말한 자아의 3요소에 대한 내 나름의 풀이다.

현대인들은 옛날 사람들과 다르게 정체성 고민을 깊게 한다. 인생을 어떻게 살아가야 할지 잘 모르고, 하루를 그저 미루듯이 산다. 그 원인에 대해 살펴보고 극복 방안 및 현재 우리가 살아가는 인생의 각 시절 모습을 이야기한다.

01
안정 애착과 불안정 애착

사람은 태어나서 가장 먼저 양육자와 관계를 맺는다. 양육자의 성숙과 정서적 기질에 따라서 안정 애착과 불안정 애착으로 나뉘게 된다.

안정 애착은 양육자가 정서적으로 건강한 경우에 해당한다. 이 아이들은 세계를 두려워하지 않고 탐험하며, 자신의 주위에서 엄마가 자기를 지켜본다고 생각하기에 두려움을 느끼지 않는다. 신화 책을 보면 이런 말이 나온다. 아기가 엄마와 관계가 원만하게 잘 맺어져 있을 경우에 아기는 세계를 매우 편안하게 느낀다고 한다.

정신분석적 심리치료에서는 사람이 태어나서 3세까지 양육자와 어떠한 관계를 맺느냐가 중요하다고 본다. 아쉽게도 현대의 주 양육자인 엄마들은 그때까지 아이를 온전하게 돌보기 힘든 환경이다. 이 사실을 미래로 확장해서 생각해 볼 경우, 앞으로 성장하게 될 아이들은 이러저러한 각종 정신 질환에 걸린 확률이 매우 높다고 보면 된다.

안정 애착으로 잘 자란 아이들은 어려서부터 독립심을 북돋아 주는 환경에서 성장했다. 자라면서 책임감에 대해서도 남다른 교육을 받는다. 즉, 자신이 선택한 것에 대한 책임만 질 수 있다면, 너는 네가 원하는 어떠한 것이든 해도 된다고 배운다. 이런 마인드가 아이에게 심어질 경우, 이 아이는 성장하며 누구의 눈치도 보지 않고 자신의 행동을 결정지을 수 있다. 이것은 별것 아닌 것으로 보이지만, 현대의 많은 사람이 결정 장애에 빠진 것을 보면 우유부단하지 않고 결정할 수 있다는 것만으로도 대단한 축복임을 알 수 있다.

원인은 간단하다. 대다수의 부모가 아이의 일에 지나치게 간섭하고, 아이에게 성공 경험만 심어 주길 바라서다. 사람은 어떠한 틀 속에서 자라게 되면, 건강하게 성장할 수 없다. 실패와 실수를 하더라도 아이가 자연스럽게 자기 생각대로 결정해 볼 수 있는 장을 열어 줘야 한다. 건강한 부모들은 아이를 이런 방식으로 키우기에, 어려서도 안정 애착과 같은 환경에서 아기를 키울 수 있는 것이다.

이제 왜 우리가 삶을 자꾸 멈추고, 내가 어떠한 선택을 해야 할지 상당한 고민을 하게 되는지 그 이유를 알게 되었는가? 우리가 어려서 양육자의 건강한 환경하에서 성장하지 못했기 때문이다. 이어서 살펴볼 불안정 애착의 하위 3유형을 보면 이 사실은 더욱 뚜렷하게 확인할 수 있다.

불안정 애착에는 가장 먼저 회피 애착이 있다. 이 아이들은 양육자가 적절한 교감을 해 주지 않아 서운할 만한 데도, 양육자에게 크게 분노를 표현하지 않는다. 대신 이 아이들은 관계를 철수해 버린다. 그냥 모른 척하는 것이다. 이 유형에 속하는 사람들은 어려서 부모님의 말씀을 어기지 않고 착실하게 잘 자란 아이들로 보일 수 있다. 자기 마음속에 있는 적개심을 표현하지 않기 때문이다. 부모들도 이런 아이들을 별 탈 없이 안정적으로 잘 자라준 아이로 생각할 것이다. 그런데 그것은 외면의 모습일 뿐이고, 이 아이들은 성장하며 관계적인 면에서 문제를 나타낸다. 사람이 살아가는 것은 다른 사람과 만나는 일이다. 따라서 사람과 관계를 맺지 않는다는 것은, 정신적으로 상당히 위험한 상황에 놓일 수 있다는 것을 의미한다.

위와 같은 환경에서 자란 많은 아이는 성장하며 자연히 신경증에 걸릴 확률이 대단히 높다. 아이들 무리에서 소외되면 자연히 자신의 행동에 대해서 예민해지게 되고, 그러면 자의식 과잉 상태가 돼 자연히 생각이 많아지게 된다. 심하면 청소년 이후에 사회 공포증에 걸릴 수 있고, 그걸 적절한 때 치료받지 않으면 사람들로부터 고립되게 된다. 정신 치료에서 고립을 안 좋게 보는 이유는 이것이 모든 정신병의 뿌리가 될 수 있기 때문이다.

그러니 현명한 양육자라면 아이를 키울 때, 아이가 원하는 것에 민감하게 반응해 줄 수 있어야 한다. 그것도 불규칙하게 행동하면 안 되고, 일관되게 안정적인 교감을 할 수 있어야 한다. 현대의 많은 엄마는 산후 우울증과 공허감을 보여서 아이에게 대단히 안 좋은 영향을 끼칠 수 있다. 그런 엄마들은 제때 심리상담 전문가를 찾아가서 상담을 받으면 향후 상태가 좋아질 수 있다.

다음으로 분노를 양육자에게 직접 표현하는 저항 애착 유아들이 있다. 이 아이들은 양육자에게 상당히 까다롭게 비친다. 조금만 자신의 마음에 맞게 해 주지 않으면 양육자에게 대들고 화를 내며 덤비기 때문이다. 심하면 자신을 괴롭히고 자해까지 한다.

이 아이들은 보통 성장하면서 애정 결핍의 모습을 상당히 보여준다. 즉, 많은 사람으로부터 애정을 갈구한다. 표현형이기 때문에 애정을 요구하고 그래서 잘 받지만, 이 아이들의 애정의 양은 잘 채워지지 않는다. 왜냐하면 양육자가 줄 수 있는 애정의 양이 제한되어 있기 때문이다.

그 이유는 양육자도 그 부모로부터 제한된 돌봄과 애정을 받았기 때문이다. 왜 "애정은 대물림된다."라는 말이 있지 않은가? 그것은 이 경우에 해당하는 말이다. 따라서 이 유형의 아이를 키우는 양육자라면 자신이 줄 수 있는 애정의 양에 대해서 심사숙고해 봐야 한다. 사람은 받지 않은 걸 줄 수 없다. 자기를 사랑하지 않는 사람이 남을 사랑할 수 없는 것과 같은 이치다. 이 유형의 양육자도 회피 애착 부모와 마찬가지로 자신을 돌아보고 심리 전문가와 상담을 받아 보면 아이에게 줄 수 있는 사랑의 양이 확연히 늘어난 자신을 만날 수 있을 것이다.

마지막으로 경과가 가장 안 좋은 경우인 혼란 애착이다. 이 아기들은 양육자로부터 일관된 돌봄을 받지 못하고, 매우 불규칙적이고 이중적인 신호를 받게 된다. 그러면 아이는 어떤 것에 맞춰 행동해야 할지 감을 잡을 수 없게 되고, 자라면서 대단히 안 좋은 양상을 보이게 된다.

아마 이 유형에 속하는 많은 아이는, 어려서부터 상당한 스트레스에 노출되기 때문에 정신 질환에 걸릴 확률이 가장 높은 유형에 속한다. 이상심리학은 보통 청소년과 성인 위주로 연구하는 학문으로 알고 있다. 그런데 이 유형의 아이들은 아동 이상심리학 범주에 속하게 되고 그 분야에서 연구가 이루어진다.

정신의학자인 스캇 펙은 아무리 어려서 혼란스러운 환경에서 자란 아이들이라고 하더라도, 그 부모에게 사랑이 있다면 자제력 있고 질서정연한 아이로 성장할 수 있다고 했다. 그러니까 혼란 애착에 속하는 아이의 양육자는 반드시 자신의 마음속에 있는 사랑의 양을 헤아려 볼 수 있어야 한다. 결정적인 것에 해당하는 양육자의 마음에 사랑이 부족하다면 그 아이는 성장하면서 정신 질환에 걸릴 확률이 매우 높기 때문이다.

이쯤 되면 우리의 삶이 청소년 때부터 왜 그렇게 힘이 들었는지 이해될 것이다. 안정 애착에 속한 아이들은 그나마 건강하게 그 시절을 보낸다. 하지만 나머지 불안정 애착 속에서 자란 아이들은 정체성이 형성되는 청소년기를 매우 불안정하게 보내게 된다. 이 아이들은 또래 관계 면에서도 어려움을 겪어서 그 시절을 매우 힘들게 끝맺게 된다.

우리가 힘든 이유는 양육자인 부모가 건강하게 키워 주지 못해서다. 물론 그들도 그 부모로부터 적절한 애정과 안정적인 돌봄을 받지 못해서 우리를 그렇게 양육하는 것이다. 이 부분은 매우 아쉬워해야 할 일이지, 부모를 탓한다고 해서 문제가 해결되는 것은 아니다. 그리고 많은 사람이 이와 같은 환경의 대물림을 이뤄서 성장해서 일정한 시기에 도달하면 심리적인 성장을 멈추게 된다.

우리는 힘들면 정체해서 쉬고 싶지, 계속 전진하려고 들지 않는다. 그렇게 되면 누군가는 사랑이 어려워질 수 있고, 또 누군가는 직장을 구하는 것에 상당한 애를 먹게 되고, 더 나아가서는 나이가 들어서 중년에 위기가 닥칠 수도 있다. 그러니 자신의 마음이 현재 어떤 상태에 놓여 있는지 세심하게 관찰해 볼 필요가 있겠다.

02
행복한 가정과 불행한 가정

유아기에 양육자와 애착이 중요한 문제로 여겨진다면, 아이 시절에는 가정환경이 무엇보다 중요하다. 부모가 어떠한 가정을 꾸리느냐에 따라서 아이들의 마음 건강이 결정될 수 있기 때문이다. 톨스토이(Lev Nikolayevich Tolstoy, 1828~1910)는 그의 소설 『안나 카레니나』 시작 부분에 이런 명구를 남겼다. "행복한 가정은 모두 비슷하고, 불행한 가정은 갖가지 이유 때문에 불행하다."

이 부분은 분석심리학자로 알려진 칼 융의 집단 무의식과도 연결된다. 우리가 살아오며 건강한 가정에 대해 생각하게 된 그 모습이 맞다. 행복한 가정에는 좋은 아빠와 엄마가 있다.

남자에게 좋은 사람의 의미란 다음과 같다. 첫째, 자신의 행동이 적절했는지 되돌아볼 수 있는 능력을 갖췄다. 둘째, 마음이 훈훈해서 가슴 따뜻한 사랑을 전해 준다. 셋째, 자신의 강점이 바탕이 되어 즐기는 일을 하며 산다. 이 세 가지가 충족되는 남자면 가정을 꾸려서도 좋은 아빠로서의 모습을 보여 줄 가능성이 높다.

반면 여자에게 좋다는 의미는 이런 것이다. 먼저 여자는 어렸을 적의 부모님의 부부 관계를 재현할 확률이 높다고 했다. 따라서 첫째로는 그 여자 자체가 행복한 가정에서 성장한 경우를 꼽을 수 있다. 그만큼 여자들은 감정 이입 능력과 동일시가 높다는 것으로 받아들여도 된다. 둘째, 살아오면서 주변 어른이나 언니 및 친구들과 기분 좋은 관계를 맺어 온 여자들이다. 여자에게 있어서 사랑을 받는다는 것은 매우 중요한 개념이다. 사랑은 받아야지 나눠줄 수도 있는 것이다. 일단 내 마음속의 사랑의 양이 채워져야 아이들에게도 사랑을 나눠줄 수 있기에, 사랑을 많이 받은 여자가 좋은 엄마가 될 가능성이 높다.

불행한 가정은 이와 반대다. 거기에는 우선 사랑이 부족하다. 그 가정의 부모들도 사랑을 대물림받지 못했기에 아이들에게 좋은 가정을 만들어 주기 쉽지 않다. 남자의 마음에 사랑이 부족하면 이기적인 사람이 된다. 이기적이라는 것은 매 순간 자신에게 유리하게만 생각하는 특성이 있다는 것이다. 연애할 때는 상대에게 배려하기보다는 자신의 사랑을 채우기 위해서 여자를 이용하기 쉽다. 이게 보통 말하는 나쁜 남자의 의미다. 그리고 이런 남자는 안정적인 분위기를 잘 만들어내지 못한다. 자신의 내면이 불안정하기에 아이들에게 일관성 있는 부모의 모습을 보여 주지 못한다.

여자의 마음에 사랑이 부족하면, 결혼해서 아이를 낳고 10여 년이 지나도 그녀들의 마음은 채워지지 않는다. 그래서 그녀들은 사랑받고자 하는 마음에서 로맨스를 꿈꾼다. 이것은 나이에 맞지 않은 마음으로 일종의 성장 지체로 볼 수 있다. 하나 안타까운 점은 많은 수의 여자가 이런 마음 상태에 빠져 있다는 것이다. 그만큼 그녀들의 내면은 사랑의 양이 부족하고 공허로 채워져 있다는 의미다. 이런 엄마들은 남편에게 신뢰의 느낌을 전해 주지 못하고, 아이들에게는 다그치기 쉽다. 그래서 남편들에게는 삐친 아내로 보이고, 아이들에게는 얼음공주로 비친다.

사랑을 많이 이야기했는데, 그만큼 어려서 부모로부터 받은 사랑의 양이 채워지는 것이 중요하다. 상담가와 심리상담이 이뤄지는 과정에서도 사랑은 중요한 의미로 다뤄진다. 우리가 어려서 받지 못한 사랑을 상담가가 대리 부모가 되어 우리에게 사랑을 전해 준다. 사랑이 채워져야 애정 결핍 상태인 아이와 같은 마음을 극복할 수 있고, 그 단계를 지나면 이제 어른으로서 여유를 갖게 되어 보다 안정적인 마음 상태가 된다. 그러므로 자신의 마음에 들어찬 사랑의 양에 대해서 생각해 보고, 그게 부족하다고 생각되면 심리상담으로 그 사랑의 양을 채울 수 있다고 보면 좋다. 물론 다른 방법으로도 그것을 채울 수 있지만, 현대 의학과 심리학의 발전으로 우리에게 지름길이 생겨서 그 길을 갈 수 있게 되었다.

좋은 남자와 여자는 연애하는 모습도 그렇지 않은 남녀와 차이를 보인다. 이들은 요란하지 않다. "빈 수레가 요동을 치고 시끄럽다."라는 말이 있다. 이들의 마음은 충족되어 있기 때문에 함부로 애정을 갈구하지 않는다.

먼저 남자의 경우를 보면, 이들은 자신이 즐기는 일과 좋아하는 취미 활동이 있기 때문에 자기 인생 그 자체에 푹 빠져 있다. 대다수의 사람이 이 점을 잘 인식하지 못하는 듯하다. 남자에게 일은 매우 중요하다. 여자에게 사랑이 중요한 것처럼 말이다. "남자의 70%는 일을 중요시하고, 여자의 70%는 사랑을 중요시한다."라는 말이 있다.

남자에게는 리더로서의 면모가 있는데, 리더는 방향을 판단하고, 선택하며 결과에 책임을 져야 하는 과제가 주어진다. 따라서 남자는 일을 통해 그 감각을 키울 수 있다. 일을 잘하고 즐기는 남자들은 안정감이 배어 있기 때문에 집단을 잘 이끌어 나갈 수 있다. 여자들이 자기 일을 즐기는 남자들에게 상당한 매력을 느끼는 이유가 여기에 있다.

물론 현실적으로는 성공한 남자들이 경제적으로 여유가 있기에 그들에게 끌리는 면을 무시할 수는 없다. 그렇다 하더라도 성공한 남자들에게서 느껴지는 묘한 심리적 매력은 매우 중요하다. 이들은 살아가며 마음에 드는 여자가 생기면 처음에는 조금 까다롭게 여기저기 살피지만, 그다음부터는 배려하고 여유 있게 그녀들을 대한다. 왜 그런 말도 있지 않은가? "좋은 회사는 처음 직원을 뽑을 때는 까다롭게 살피고, 뽑은 이후에는 자유를 부여한다."

다음으로 여자를 보자. 여자들도 남자와 다르지 않게 자신의 생활에 만족하며 즐기며 산다. 그러다 마음에 드는 남자들이 있으면, 그들이 자신에게 좀 더 가깝게 다가올 수 있게 기회를 준다. 여기서 중요한 점은 좋은 여자들은 남자에게 선택당하지 않는다는 점이다. 반대로 좋은 여자들은 자신이 마음이 가는 상대에게 자신과 가까워질 기회를 부여해서 남자를 선택한다는 것이다.

마음에 사랑의 양이 부족한 여자들은 대개 이상형이라는 게 있다. 그녀들은 마음에 드는 남자가 나타나면 한눈에 빠져든다. 그러다 그와 가까워지고 그가 자신이 원하는 대로 행동하지 못하면 금방 차가워진다. 남자는 갑자기 돌변한 그녀의 차가워진 태도를 이해하지 못하고 마음이 점점 그녀에게서 떠나고 만다.

이와 반대로 좋은 여자는 처음부터 어떠한 이상형을 정해 두고 있지 않다. 다만 마음이 가는 남자들이 있으면 자신과 어울릴 수 있는 기회를 준다. 그렇게 그와 어울리는 경험을 통해 그 남자가 자신과 잘 맞는지 살피고, 그 후에 연애를 시작하므로 그녀들은 안정적인 연애를 할 수 있다.

여기서 하나 짚어야 하는 부분은 좋은 남자와 여자의 마음속 상태다. 즉, 그들은 어떻게 자라 왔기에 연애에서 그와 같은 안정된 마음을 가질 수 있을까?

남자의 경우에는 어려서부터 스스로 생각하고 선택할 수 있는 기회를 부모로부터 받는다. 이것은 남자가 성인이 되어서 살아갈 때 중요한 점이다. 즉, 독립심을 기를 수 있고, 자기 스스로 홀로 생활할 수 있는 자립심도 길러진다. 이들은 무언가를 결정할 때 다른 사람이나 세상의 눈치를 덜 본다. 이들이 그럴 수 있는 것은 어려서부터 스스로 결정을 해 왔기 때문에 자기 가치관이란 게 생겼기 때문이다. 그렇기에 이들은 안정적인 면모를 보일 수 있다. 앞서 남자에게는 리더로서의 특징이 중요하다고 했는데 같은 맥락이다.

반면에 여자들은 부모의 부부 관계를 재현한다. 이 말은 앞서 간단히 했는데 좀 더 살펴보면 다음과 같다. 여자는 부모님의 부부 행복만큼 결혼해서 행복해질 가능성이 크다. 그리고 아버지는 그녀에게 미래의 배우자상이 된다. 그녀들이 좋은 남자를 만날 수 있는 배경에 그녀의 아버지가 좋은 남자로 자리하고 있었다는 사실을 많은 사람이 간과한다. 좋은 아빠는 앞서 설명한 대로 자녀에게 충분한 양의 사랑을 전해 주어 그녀가 살아가면서 흔들리지 않게 잘 양육한다.

아쉽지만 이와 반대되는 여자들이 소위 '행복 공포증'에 빠진 여자이다. 이것이 무엇이냐면, 여자들은 자기 엄마보다 더 행복해지지 않으려는 마음이 있다는 것이다. 역시 앞에서 말한 대로, 여자들의 감정 이입과 동일시 능력은 상당히 높다. 그리고 그녀들은 자신의 부모님의 부부 관계의 모습을 재현하기 쉽다. 애정의 양이 충분하지 못한 가정에서 자란 딸들은 곧잘 이런 상태가 된다.

그래서 우리에게 어려서부터 사랑을 받고 충분한 양의 애정이 채워지는 게 중요하다. 아쉽게도 그것은 우리가 결정할 수 있는 부분이 아니다. 그리고 부모님도 그걸 대물림받았기에 스스로 결정한 사실도 아니다. 좋은 가정을 꾸리는 과정에 관해서 설명해 보았다. 여기서 중요한 것은, 자신의 마음 상태에 대해서 이해하는 것이다. 그리고 애정이 부족한 사람들은 경험을 통해 그 사랑의 양을 채우면 좋고, 애정이 충분한 사람들은 주변에 그 사랑을 나눠 주면 좋을 것이다.

그리고 어려서 받은 애정의 양이 꼭 우리 인생 전반을 지배한다는 말은 아니다. 이것은 그중의 한 요소일 뿐이다. 다만, 어린 시절에 행복한 가정에서 자란 아이들은 성장하면서 건강한 면모를 보이고, 성장 과제를 잘 뛰어넘는다. 그러면서 그들은 훌륭한 어른이 되어 간다. 그렇지 않은 아이들은 어른이 되어서 성장이 지체될 수 있고, 자신도 모르는 사이에 같은 자리를 맴도는 우를 범할 수도 있다.

03
성적 지상주의와 물질 만능주의

아이는 성장하며 세상과 조금씩 만나게 된다. 보통 이 시기가 청소년 시절로 대변된다. 그러면 이 시기의 가장 큰 특징은 무엇일까? 그것은 세상이 아이의 갈 길을 가로막는다는 것이다. 아이 때를 생각해 보자. 아이들은 뭐든 하고 싶어 하고, 세상의 눈치를 거의 보지 않는다. 세상에 대해 "NO."라고 하지 않고 항상 세상을 긍정적으로 바라본다.

그리고 아이와 청소년 시절의 결정적 차이는 아이들은 '너는 그렇지 않다.'라는 개념을 받아들이지 않는다는 점이다. 우리가 청소년 시절만 돼도 무언가를 의식하기 바쁘기에 세상의 시선에 굴복하기 쉽다. 예수가 "누구든지 어린아이가 되지 않고서는, 그 누구도 천국에 들어갈 수 없다."라고 말했다. 청소년이 되면서 어린 시절과의 차이가 나타난다.

청소년이 되면서 우리는 세상의 질서를 내면화하기 시작한다.

이걸 사람들은 "사회화된다."라고 표현한다. 그런데 우리 사회가 서구 선진국의 인권적인 사회 환경이면 나도 청소년들이 사회화되는 과정을 찬성하겠다. 그런데 아직 인권 후진국에 속하는 우리나라의 청소년들은 사회가 요구하는 대로 성장하면 자칫 문제 속에 빠질 수도 있다.

대표적인 것이 학교 성적으로만 모든 걸 증명하라고 요구하는 성적 지상주의다. 이것의 폐단은 모두가 알고 있지만, 아무도 바꾸려고 들지 않는 만큼 많은 부작용이 있다. 1990년대 중반에 서태지와 아이들이 〈교실 이데아〉를 외쳤지만, 학교는 달라지지 않았다. 왜냐하면, 사람들의 의식이 바뀌지 않았기 때문이고, 보다 근본적인 것은 사회 시스템이 변화되지 않았기 때문이다.

오늘도 많은 학생이 자신들을 한 줄로 세우는 한국의 교육 시스템에 실망하고 있다. 공교육은 자신이 무엇을 원하고, 향후 어떤 일을 하고 싶은지 그걸 찾아보는 시간으로 만들어 줘야 하는데, 한국의 어른들은 그걸 모른다. 이들이 아는 것은 '어느 대학이 명문이고, 그 대학을 나오면 돈을 많이 번다.'라는 것이다.

원래 사람들은 이런 모습이 아니었다. 굳이 생텍쥐페리(Antoine Marie Roger De Saint Exupery, 1900~1944)의 『어린 왕자』를 언급하지 않더라도 이 현상은 쉽게 설명된다. 아이들은 생명 자체가 원래부터 온전한 인간이었다. 그런데 그 속에서 살아가면서 많이 퇴색되고 맑음을 잃어 가기 시작했다.

맹자를 보면 이와 관련된 구절이 하나 나온다. "사람들은 집에서 키우는 개나 소를 잃어버리면 찾으려 하지만, 자신의 마음을 잃어버리면 그 마음을 찾으려 들지 않는다." 맹자는 우리의 어린 시절의 건강한 본을 믿은 동양 철학자다. 사람들은 자신들이 괴물이 되어 가는 걸 알지만, 그것을 되돌릴 줄은 모른다.

현대 사회는 시를 잃어 가는 모습이다. 시 역시 인간의 온전한 건강에 관해서 이야기하고 있다. 따라서 현대인이 시를 읽지 않는다는 것은 온전한 인간상에 대해 감을 잃어 간다고 보면 된다. 시는 우리에게 어떤 유익을 주는가? 먼저 시는 우리에게 아무것도 주지 않는다. 즉, 무용지용이다. 쓸모없음의 쓸모 있음 말이다. 우리가 걸어가는 길의 주변을 모두 파버리면 우리는 그 길을 걸어갈 수 없다.

마찬가지다. 쓸모만 구하면 우리는 그 생명력을 잃을 수밖에 없다. 현대 자본주의 사회는 전쟁터라고 불러도 무방할 정도로 극심한 파괴가 이뤄지고 있다. 우리는 시를 읽음으로써 이 전쟁

터에서 인간으로서 살아남을 수 있다. 시를 읽는다는 것은 건강했던 우리 자신의 모습과 재회하는 것이니까 말이다.

마찬가지로 현대 교육의 문제점에 대해서 많은 이가 지탄을 보내고 있다. 먼저 교육이란 단어의 어원을 살펴보자. 우리는 보통 교육이라고 하면 아이들의 머릿속에 무언가를 집어넣는 것으로 생각하기 쉽다. 하지만 교육은 실은 머릿속에서 끌어내는 작업이다. 현대 사회에서 가장 중요시 여겨지는 창의성이 곧 이런 개념이다. 그리고 깨달음이란 단어의 어원도 오해되기 쉬운 단어다. 깨달음이라고 하면 보통 혼자서 앉아 있으면 된다고 보기 쉬운데, 사실은 스승 앞에 앉는다는 뜻이다. 따라서 현대 교육은 오해되고 있다.

교과서의 죽은 지식을 아이들에게 주입하는 것이 교육이 아니고, 현재의 살아 있는 체험을 아이들이 겪게 하는 것이 교육의 참된 의미다. 그리고 요즘 학교에서 선생님의 권위가 떨어진다는 안타까운 소식이 많이 들린다. 그래서는 건강한 정신을 소유한 학생들을 키워낼 수 없다. 교육은 선생님에게서 모범을 보고, 그분의 모습에 영감을 받는 작업이어야 한다. 좋은 선생님들도 많이 사라지는 현 세태에 안타까움을 가지지 않을 수 없다.

이런 모습으로 많은 아이가 청소년 시절을 보내고 대학에 입학한다. 대학은 뭘 하는 곳이라고 생각하는가? 안타깝게도 요즘 대학의 모습은 취업을 준비하는 곳으로 봐도 무방하다. 물론 학생들도 현재 한국 사회의 불안정한 경제 구조와 좋은 취업 자리가 많이 없기에 미리 준비하는 것이라고 말할 것이다.

그러나 오로지 대학 생활을 그 방면으로만 바라보고 준비를 한다는 것은 인생 전체를 놓고 바라볼 때 많은 것을 놓치는 것으로 볼 수 있다. 이것은 현시대가 물질 만능주의에 빠져 있는데, 그것에 쉽게 굴복하는 태도로 비칠 수 있다. 한국 사회에서 대학은 고등학교까지 내내 고생했으니, 이제 좀 숨을 돌릴 수 있는 곳으로 인식된다. 물론 입시 전쟁에서 살아남은 소수의 승리자는 그럴 수 있겠다. 하지만 대다수의 패배자인 학생들은 마음 놓고 놀지 못한다.

대학은 뭘 하는 곳이냐고? 나는 답한다. 대학은 노는 곳이다. 놀기 위해서 그 많은 학생이 모인 곳이다. 우리는 서로 만나기 위해서 대학에 들어왔다. 자기만의 놀이를 찾기 위해 그곳에 모인 것이라고 나는 생각한다. 40살까지 살아보니 인생 별거 없었다. 내가 즐기는 일을 찾아 그 일을 하며 보내는 인생처럼 좋은 삶도 없다. 거기에 더해서 좋아하는 취미가 있고, 마음이 통하는 사람들과 시간을 함께 보내는 것처럼 좋은 것도 없다.

따라서 대학은 놀면서 자신과 잘 맞는 일을 찾는 시간이고, 자신이 즐길 수 있는 것을 찾아야 하고, 또한 자신과 파장이 잘 맞는 사람을 찾는 시간으로 보내야 한다. 안타까운 것은 많은 학생이 그렇게 보내고 있지 못하다는 것이다. 그래서 무기력함에 빠져 시간을 낭비하고, 심하면 중독 상태에서 자신을 마비시키기도 한다.

많은 사람이 동의하지 않겠지만, 우리는 직장에서 일하는 데 하루의 3분의 2의 시간을 보낸다. 따라서 그 시간이 즐거운 사람들은 인생을 즐기는 것으로 보면 된다. 행복은 다른 곳에 있지 않다. 내가 보내는 하루의 시간을 충만하게 보내는 것에 행복이 따라온다. 모든 좋은 것은 웃는다고 한다. 그리고 자신의 일을 즐기는 사람들의 발걸음을 보면 춤을 춘다.

아쉽게도 많은 사람이 이 간단한 진실을 깨닫지 않고 외면하고 있다. 그래서 그들의 인생이 힘들고 어려운 것이다. 그들은 마치 자신의 행복이 다른 곳에 존재할 것만 같은 착각에 빠진다. 조지프 캠벨(Joseph Campbell, 1904~1987)이란 신화학자가 이런 말을 했다. 현대의 기성 사회에는 시스템이 옳다고 생각하는 사람들이 많다. 그는 그것에 반대하고 자신의 생명력이 흐르는 것을 찾아 자신을 흠뻑 적실 것을 주문했다.

청소년 시절부터 시작된 눈치 보기는 이제 사회 초년생이 될 때까지 이어진다. 그 연쇄 고리는 더 심화하여 있다. 이제 남들의 시선이 느껴지지 않으면 자신의 삶을 영위하지 못할 정도가 되었다. 그리고 선진국 사회면 어느 정도 인권적인 환경이라 그 사회에서 요구하는 것에 귀를 기울여도 된다. 하지만 현재의 한국 사회에서 그렇게 한다는 것은 자신의 인생을 방치하는 것과 다름이 없다.

지금 한국 사회에서 적응을 잘한다는 것의 의미는 이렇다. 첫째는 윤리의식이 희박해지게 된다. 최고의 회사라 불리는 삼성이란 곳이 그렇게 행동하고 있잖은가 말이다. 둘째는 남의 사정을 헤아리지 못하게 된다. 역시 현재 정규직과 비정규직으로 차별하는 구조에 아무도 반기를 들지 않는 모습을 보이고 있잖은가 말이다. 셋째는 인간으로서의 존엄을 잃게 된다. 현대 사회는 분업화되고 전문화돼 있어 인간을 소외시키기 좋은 구조인데 이것을 의심하지 않잖은가 말이다.

그러면 이제 다들 회사에 적응된 인간으로 살아가는 모습을 보이겠다. 자신의 기득권을 지키려 들고, 보수화되는 자신에게 회의를 갖지 않는다. 생각 없는 아저씨가 돼서 아무 데서나 반말을 하고, 장소를 가리지 않고 트림을 꺽꺽 해 댄다. 개념 없는 아줌마가 돼서는 자기만 편하면 된다고 생각해서 몰상식하게 행동하고, 남들이 있는지, 없는지 생각하지도 않고 시끄럽게 잡담만 나눈다.

이게 보통 우리 대부분의 한국 어른의 모습이다. 아이들이 존경의 눈빛으로 쳐다보기는커녕, 욕을 안 들으면 다행이다. 물론 이들도 원래 처음부터 이런 모습은 아니었다. 극심한 이기주의와 돈만 아는 한국 사회 속에서 살아가다 보니, 자신도 모르는 사이에 어느덧 그런 모습의 자신과 만나게 된 것이다. 이런 모습과 환경 속에서 우리는 오늘도 살아가고 있으니 대부분의 사람이 하루가 괴롭다고 야단이고, 사는 게 싫다고 속삭인다.

04
나는 우울해요와 소진됐어요

우울증이란 뭘까? 이것은 폭력과 반대되는 개념인데, 자기가 자신을 공격한다는 거다. 외부적으로 나타나는 것이 상대를 향한 상해와 폭행이라면, 내부를 향해 자신을 공격하는 것이 우울증으로 나타난다. 어떻게 보면 외부의 불합리에 맞서야 할 때 맞서지 못하고, 외부를 향해 부르짖었어야 할 것에 부르짖지 못해서 그 우울함을 겪게 되는 것인지도 모르겠다.

현재 한국의 많은 사람이 우울증으로 고생하고 있다. 그 원인에 대해서는 앞서 많은 이야기를 했다. 양육자와의 애착에 문제가 있었기에 그럴 수 있고, 아이 때 건강하게 기능하는 가정에서 적절한 돌봄을 받지 못한 상태로 자라서 그럴 수 있고, 청소년 때와 성인 초기에 사회가 요구하는 것에 반기를 들지 못하고 오히려 그것을 내면으로 질서화시켰기에 그럴 수 있다.

우울한 사람은 연애도 잘 되지 않는다. 많은 젊은이가 가장 안타까워하는 모습이다. 연애는 자신의 삶을 즐기는 사람들이 잘하게 되어 있다. 생각해 보라. 누가 우울하고 기진맥진한 상태에 놓여 있는 사람과 만나고 싶겠는가? 그러므로 우리는 하루를 유쾌하고 밝게 살아야 한다. 세상의 모든 짐을 자신이 다 짊어진 사람과는 누구도 사귀고 싶어 하지 않기 때문이다.

그러면 현재 우울한 사람들은 어떻게 해야 할까? 의식적으로 하루를 긍정적으로 보내는 연습을 해야 한다. 우리의 사고 체계는 의외일 정도로 생각의 조절이 가능하다. 혼자서 이것이 잘 안 되는 사람들은 심리상담가를 만나서 자신의 속 이야기를 나눠보면 좋겠다. 나는 왜 이렇게 우울한지, 왜 내 인생은 이렇게 힘든지에 대해서 마음을 터놓고 이야기하면 훨씬 가벼워지고 후련해질 것이다.

이렇게 우울한 사람이 많다 보니 서양에서는 긍정심리학이란 것이 만들어졌다. 세상을 산다는 것은 사람들과의 만남을 전제로 한다. 긍정심리학에서 연구를 해 보니, 사람 관계가 만족스러운 사람들이 더 행복하더라는 것이다. 그리고 그들 거의 대다수는 행복하다고 느낄 때, 만나는 연인이 있었다.

그리고 의미를 찾을 수 있는 사람들이 더 행복하게 생활했다.

어떤 청소부에게 자신이 하는 일에 만족을 느끼는지에 관해서 물어보았다. 그는 이렇게 말했다. "저는 지금 아름다운 지구의 한구석을 깨끗이 하고 있습니다." 우리는 생각의 차이에 따라 현재 하는 일을 전혀 다른 차원으로 바라볼 수 있다.

여자들이 보통 수동 공격성으로 인해서 자신을 공격할 때 우울한 상태가 된다. 반대로 남자들은 공허함을 채우기 위해 일에 지나치게 몰두하는데 그러다 걸리게 되는 게 '번아웃 증후군'이다. 한국말로 간단히 말하면 소진된 것이다. 육체적으로는 물론이고 정신적으로도 말이다. 한국 사회는 지나치게 성적과 돈만 아는 사회라서 아이들에게 제대로 된 것을 가르치지 못했다.

그래서 그 속에서 자란 아이들은 그것을 획득하기 위해 노력하는데, 다들 앞만 보고 달리는 경주마인 꼴이다. 인간이라면 주변도 돌아보고, 자기 삶을 성찰하는 시간도 필요한 법이다. 그런데 한국의 아이들은 인간성을 잃어버린 채로 오로지 성공만을 위해 박차를 가할 뿐이다. 앞과 뒤, 좌우를 둘러봐도 모두 그렇게 살고 있으니 자신을 소진할 수밖에 없게 된다.

자신의 모든 에너지를 성공에 쏟아붓는 것은, 그만큼 자신의 인생이 무의미하다는 것에 대한 반증이다. 이들은 살아가며 주변에서 삶을 훌륭하게 사는 어른을 만나지 못했다. 그래서 자신도 삶을 어떻게 살아가야 할지 감을 잡을 수 없다. 좋은 사회는 훌륭한 어른과 역할 모델이 될 스승의 존재가 많은 사회다.

아쉽게도 한국은 그런 좋은 어른들이 많이 부족하다. 먼저는 가정에서 부모가 그런 역할을 해 주어야 하며, 학교에서는 선생님이 훌륭한 역할 모델이 되어 주어야 했으며, 나아가서는 사회에서 모범이 되고 영감을 주는 어른을 많이 만났어야 했다. 우리가 어린 시절에 듣고 자란 「큰 바위 얼굴」이란 이야기도 있지 않은가? 그런 역할 모델이 부재한 사회는 우울하고, 자신을 소진하게 된다.

신화학자 조지프 캠벨은 청년들에게 각 시기의 문턱을 넘어서는 신화가 있다고 했다. 그래서 젊은이에게는 그 신화 이야기를 사회가 들려줄 수 있어야 한다고 했다. 그런데 한국 사회는 그런 모습을 보이지 못한다. 우선 한국 사회 전체가 책을 읽지 않는 분위기인 것이 가장 안타까운 점이다. 책에는 우리가 직접 체험으로만 겪을 수 없는 많은 인생 격정의 이야기가 담겨 있다.

책은 아이가 어른이 되는 과정에서 어떤 위험이 존재하는지 알려 주고, 사랑의 실의에 빠진 청춘에게 그것을 벗어나기 위해서는 어떤 여정을 거쳐야 하는지, 자신의 진정한 모습을 깨치기 바라는 젊은이에게는 어떠한 험로가 기다리고 있는지, 장년이 되어서도 인생과 화해를 하지 못한 사람에게는 자신에게 어떤 문제가 있는지 알려 준다.

아이들을 생명력 있고, 신바람 나는 삶을 살게 키우지 못한 것은 우리 사회 전체의 비극이고 책임이다. 세상은 모두 연결돼 있다. 내 아이만 좋은 환경에서 잘 키운다고 해서 그 아이가 행복한 삶을 살아갈 수 있는 것이 아니다. 내 아이가 친구와 함께 더불어 행복한 삶을 나눌 때 그것은 가능하다. 그래서 공자가 말한 것이, "좋은 사람은 더불어 나누는 것을 선택하고, 그렇지 않은 사람은 자신에게만 이득이 되는 것을 추구한다."라고 했다.

맹자는 더 나아가 어찌 내 이익만 추구하느냐고, 오직 더불어 나누고 올바른 것을 선택해야 하지 않겠냐고 설파한다. 내가 내 이익만 추구할 경우, 다른 사람들도 자신의 이익만 추구하기에 이 길은 서로 다툴 수밖에 없는 길이다. 그래서 성현 공자와 맹자는 더불어 나누어 가질 것을 이야기했다. 게다가 예수는 더불어 사랑할 것을 몸소 보여 주었고, 부처는 더불어 연민할 것을 설법했다.

결국 내가 우울하고, 소진됐다는 것은 건강하지 않은 사회 속에서 살아와서 그렇게 된 점도 크지만, 다른 한편으로는 내가 아무런 반성 없이 그 사회를 수용한 것도 그 이유 중 하나다. 우리는 언제까지 세상만 탓하고 살 수는 없다. 악과 싸우다 악이 된다는 이야기가 있지만, 어떻든 우리는 우울하고, 소진됐으며, 악이 됐다.

더 이상 세상을 탓하고만 있을 수 없다는 이야기다. 심하게 말하면 이제 우리가 세상의 건강을 파괴하는 사람이 된 것이다. 아이들의 생명력을 빼앗고, 너는 그렇게 하면 안 된다고 목에 힘을 주며 이야기한다. 이게 우리가 그토록 어렸을 적에 듣기 싫었던 소리 아닌가?

이제 우리는 변해야 한다. 아픔이 있으면 치유하는 것이 맞고, 병이 들었으면 삶을 살아가는 방식을 바꾸지 않으면 안 된다. 이쯤에서 불러올 수 있는 철학자가 니체다. 그는 현대인의 노예화된 삶을 비판했다. 한 분야에서만 잘 아는, 그러나 모든 분야에서는 잘 모르는 사람을 조롱하기도 했다. 니체는 당당하게 외친다. "삶의 결핍이 원인인가, 삶의 과잉이 원인인가?" 하고 말이다. 우리는 너무 좁은 범위에서 삶을 살았다. 어른들이 정답은 하나라고 가르쳐 준 것에 어떠한 의문도 품지 않았다. 성적과 돈만이 정답이라고?

니체는 그 가치에 반기를 든다. 아직 천 개의 길이 있다. 아직도 밟아 보지 못한 천 개의 길이 더 있다. 그는 삶은 하나의 정답으로만 이뤄져 있기에는 너무나 복잡하고 넓다고 주장한다. 삶의 결핍은 말라 죽은 나무와 같은 삶이다. 삶의 과잉은 생명력 있는 강물과도 같은 길이다. 우리는 하나의 정답을 추구해야 할까? 아니면 무수한 답이 존재하는 세상을 상상해야 할까?

05
충동적이고 도덕적인 자아

정신분석을 만든 프로이트는 그의 이론에서 자아를 세 가지로 설명했다. 충동적인 자아와 도덕적인 자아가 있다. 그리고 그사이에 이 둘을 조절하는 현실적인 자아가 존재한다. 보통 심리상담에 내담자로 참여하는 사람들은 현실적 자아가 튼튼하지 못하다.

이것도 어렸을 적에 가정환경의 영향을 크게 받는다고 볼 수 있다. 부모가 단정하고 질서 있는 모습을 보여 주지 못할 경우 충동적 자아를 잘 조절할 수 없게 된다. 그리고 그 가정에서의 양육이 내담자의 수치심을 키울 경우에는 도덕적 자아가 발달한다.

이 둘의 자아가 유명한데 쉽게 말해서 충동적 자아는 중독을 잘 불러일으키고, 도덕적 자아는 자의식을 심하게 키운다. 보통의 내담자들은 이런 모습을 지니고 상담 과정에 참여한다. 그리고 이들의 특성은 자아 강도가 약하다는 점이다.

심리학에서는 충동적 자아를 원초아라고 부르고, 도덕적 자아를 초자아라고 한다. 충동적 자아는 현실 여건을 고려하지 않고 즉각적으로 자신의 욕구를 만족시키려 한다. 도덕적 자아는 내면의 감시자가 되어 자신의 행동을 칭찬하기도 하고 때로는 처벌도 한다.

또한, 현실적 자아는 말 그대로 자아라고 부른다. 현실적 자아는 현실적 여건을 인식하고 그 환경에 따라 욕구 충족을 지연하는 역할을 한다. 감정도 조절하며 합리적이고, 이성적으로 우리의 사고 과정을 조절한다.

현대인은 많은 정신 질환으로 고통을 겪고 있다. 그리고 많은 내담자가 가정에서 알코올중독 부모 밑에서 자라거나 지배적인 부모 아래서 성장한다. 현대 사회는 가정이 충분히 기능하지 못하는 모습을 보이고 있고, 자녀를 제대로 길러내지 못한다.

심리상담가 수잔 포워드(Susan Forward, 1938~)는 『흔들리는 부모들』이라는 책에서 역기능 가정을 이야기한다. 이 가정의 아이들은 부모를 구원하려고 하거나 자신의 삶을 억누르며 제대로 인생을 살아가지 못한다. 많은 가정이 이에 속하고, 이것은 아이들에게 큰 비극이다.

그 아이들은 자라면서 성취 강박이나 약물 중독 상태에 빠져, 있는 그대로의 자신을 잘 받아들일 수 없게 된다. 그리고 만성적인 공허감에 시달리게 된다. 자신이 아무리 발버둥 쳐도 항상 부족하게 느껴지고, 외로운 삶을 살아간다.

더 심하게 상처 입은 아이들은 자라면서 매우 안 좋은 경과를 나타낸다. 이들은 일종의 영적인 질환을 앓고 있는 것으로 볼 수 있는데, 이들의 수치심은 크게 상처를 받았다. 그래서 끊임없이 자아를 주시하고, 항상 자신을 피곤하고 고통스럽게 만든다.

이와 같은 상태를 벗어나려면 현실적 자아가 강해져야 한다. 많은 내담자가 심리상담에 참여해서 얻는 이점이기도 하다. 그러면 그들의 심리적 상태는 제 궤도에 진입하고, 삶이 다시 균형적으로 흐르게 된다.

06
정체성 혼란과 확립

현대의 많은 사람이 자신의 삶을 어떻게 영위해 나가야 할지 몰라서 힘들어한다. 현대 사회가 그만큼 복잡하고 빠르게 변화되고 있어 자신들의 삶을 조절하기 어려워한다. 그러나 예전 시대에는 정체성 문제로 고민하는 사람들이 적었다.

프로이트 시대만 해도 그 당시 사람들은 다른 문제로 고통스러워했다. 그때는 의례가 잘 지켜져 사람들은 각자 자기에게 주어진 삶의 문턱을 잘 넘었다. 그런데 현대는 의례를 잃어 가고 있다. 그래서 그렇게도 많은 사람이 정체성 문제로 혼란을 겪고 있다.

사람은 태어나 명명되고, 아이는 자라며 청소년이 되면 복장에 신경을 쓴다. 그리고 청년이 되면 우리는 사랑에 빠지고, 성인 초기에는 직장을 갖게 된다. 그 후 장년기에는 세상과 조화를 이루고, 노년 시절에는 세상과 이별을 준비한다.

이 과정이 사람이 태어나서 각 시절을 보내는 주요한 과제이다. 적절한 시기에 이 과제를 수행해내지 못할 경우에 사람들에게 심리적 문제가 나타난다. 성장은 지체되고, 주변과 보조를 맞추지 못하는 삶을 살게 되고, 정체성 혼란에 결국 빠지게 되는 것이다.

다행히 장기간의 심리상담을 받는 사람들은 현대인들이 어려워하는 위 과정을 상담가의 도움을 받으며 원활하게 헤쳐 가게 된다. 생각해 보면 각 시절에 요구되는 삶의 과업을 성취하는 데에는 그렇게 큰 노력이 요구되지 않는다.

아이가 사랑을 받고 태어나 학교에 입학하고, 거기서 친한 친구들을 사귄다. 청소년 시절이 되면 '나는 누구인가?'라는 정체성 문제에 고민을 하고, 청년 즈음의 나이가 되면 우리는 매력적인 이성에게 자연히 끌린다. 자신의 마음을 부풀게 하는 일도 만나게 되고 말이다.

위처럼 되는 게 자연스러운 과정인데 현대 사회는 많은 이들을 좌절시킨다. 청년층에게 3포 세대를 넘어 N포 세대를 이야기한다. 연애와 결혼 그리고 출산이 힘겨워진 시대다. 자연히 청춘의 삶이 지체될 수밖에 없는 기형적인 시절이다.

건강한 정신을 지니고 살아가려 해도 사회 환경이 불균형적으로 이뤄져 있다. 그 속에서 지금도 많은 젊은이가 고통받고 있다. 자신에게 잘 맞고 자신의 강점을 발휘하는 일을 갖는 것은, 취업대란과 같은 말이 나도는 지금 시절에 사치로만 생각된다.

상담 과정에 참여한 많은 이가 그렇게 힘든 모습으로 상담가를 찾는다. 그런데 그들은 끝내 해낸다. 다시 자신의 앞길을 막은 사랑을 헤쳐나가고, 아름다운 사랑을 나눈다. 그리고 자신의 가슴을 뛰게 만드는 천복을 찾아 용기 있게 전진한다.

장기간의 심리상담이 내담자들에게 줄 수 있는 이점은 어렸을 적의 제약이 많았던 자신의 삶을 인식하게 도와준다는 것이다. 그리고 현실적 한계에 겁먹지 않고, 끊임없이 도전적인 삶을 살도록 이끈다. 자신이 그저 하고 싶은 걸 지금 해 보게 만든다.

깨우침 셋 

나에게도 일어났던 일 ❸

어머니는 외할머니에게서 충분한 사랑과 관심을 받지 못하며 자랐다. 그 여파 때문인지는 몰라도 나도 어머니에게 그런 것을 충분히 받지 못하며 성장했다. 이것은 20대 중반까지도 전혀 깨달을 수 없던 사항이었다.

그만큼 나는 현재 내 모습의 기원에 대해서 늦게 이해하게 되었다고 볼 수 있다. 그래도 심리상담에 참여함으로써 나의 본래 모습을 이해할 수 있어서 다행으로 생각한다. 이 점도 쉽게 이해할 수는 없었고, 선생님의 오랜 관심 속에서 스스로 느끼게 된 내용이다.

선생님은 내게 일관된 관심을 보여 주셨고, 지지와 믿음을 나타내셨다. 이것은 내가 살아오면서 누구에게도 받아 보지 못한 존중이었다. 내 존재가 있는 그대로 받아들여진다는 경험은 내게 인상 깊게 다가왔다.

양육자인 어머니에게서 사랑이 결핍되었던 것을 나는 나의 대리 부모 혹은 제2의 탄생을 거치는 상담실에서 선생님의 사랑을 통해 거듭나고 있다. 상담을 10년 정도 받으니 내가 유아기 때 어머니로부터 충분한 돌봄을 받으며 양육되지 못한 것이 진정으로 느껴지기도 한다.

나의 경우에는 회피 애착에 해당한다. 어려서 나는 부모님의 행동에 대해 단 한 번도 서운하게 생각해 본 적이 없다. 당연히 자녀는 부모를 배려하고 이해해야 한다고 여겼다. 지금 생각해 봐도 웃긴 장면이다.

그런데 그때의 나는 실제로 그렇게 생각하며 성장했다. 그 이유는 아버지가 술을 드시고 들어오셔서 가끔 집 안을 시끄럽고 난장으로 만들었기 때문이다. 그런 나는 어머니가 그렇지 않아도 힘든데 나라도 힘들게 해드리면 안 된다고 생각했다.

회피 애착의 아이들은 관계에서 서운한 일이 생겨도 표현하거나 갈등을 조절하지 않는다. 그 아이들은 그냥 그 관계에서 철수해 버림으로써 문제를 해결한다. 나도 중학교 시절과 고등학교 때 친했던 친구와 심하게 절교한 경험이 있다.

부모님에게도 서운한 일을 털어놓지 않았다. 나는 부모님을 구원하고 잘 챙겨드려야 하는 아이로 생각했다. 이것은 내 어린아이 시절을 빼앗아 간 결정적인 원인이었다. 그래서 나는 어리광을 부릴 줄 모르고, 감정 표현에 서툴렀다.

아직도 부모님은 이것에 대한 의식이 전혀 없다. 그냥 '나도 그렇게 자랐으니 너희도 그렇게 성장하면 된다.'라고 생각하시는 듯하다. 특히 어머니는 화병이 심하고 지배적인 성향이라서 더욱 그렇게 생각하셔서 나를 곤혹스럽게 만들었다.

더욱이 부모님은 건강한 가정을 꾸리시지 못하셨다. 내가 앞에서 열거했던 좋은 남자의 조건에 따르면 아버지는 착한 남자에 속하고, 마음은 따뜻한 분이나 충동 조절이 잘 안 되고, 중독적인 성향의 남자로 살아오셨다. 하시는 일도 번번이 바꾸고 역경을 이겨내지 못하셨다.

어머니는 좋은 부부 관계를 재현하는 부모님 밑에서 자라 오지 못하셨다. 더욱이 외할머니가 재혼을 여러 번 해서 상처를 많이 입으셨다. 어린 시절에 아이가 아이답게 성장하지 못하는 환경에서 자랐고, 외할머니의 따뜻한 정을 거의 받지 못하셨다.

부모님의 안 좋은 특성을 그대로 내가 대물림했다. 나도 한때는 충동 조절이 잘 안 되고, 중독에 취약한 면이 많았다. 그리고 역경을 잘 극복하지도 못하였다. 어머니로부터는 따뜻한 정을 받지 못해, 사람들과 정을 나누는 것에 매우 낯설어한다.

이러한 원초적인 문제점에도 불구하고 우리 부모님은 마음에 사랑을 지닌 분들이셨다. 그냥 주변에서 많이 볼 수 있는 서민적인 분들이다. 남에게 해코지를 못 하고, 남을 배려하는 사람이고 피해를 입는 쪽이다.

그런데 어머니의 경우에는 화병이 생기시고, 어렸을 적의 상처 많은 삶을 극복하지 못해서 아직도 지배적인 성향을 자주 보이신다. 본인도 그러고 싶어서 그러는 게 아닐 텐데, 그게 혼자만의 노력으로는 절대 바뀌지 않는 모습이다.

그렇다면 나는 좋은 남자인가? 이 물음에 스스로 답하지 않을 수 없다.

자신의 행동이 적절했는지 되돌아볼 줄 아는 남자가 좋은 남자의 절대적인 조건이라고 했다. 어릴 적에 나는 결코 그런 사람이 아니었다. 나쁜 짓도 하고, 무딘 성격으로 자랐다. 고등학교 때까지도 그저 학교 공부만 하는 생각이라고는 없는 사람이었다.

그런데 대학에 들어와서 책을 좋아하기 시작했다. 그리고 혼자 자취를 하면서 도서관에서 공부하는 시간이 늘어났다. 그러면서 자연히 나는 생각하는 시간이 길어졌고, 자신의 느낌과 나를 되돌아보는 시간을 많이 갖게 되었다.

책은 주로 자기계발서와 대중심리 서적을 읽었다. 마음이 고통스러울 때는 명상 서적도 기웃거렸다. 그러한 영향 때문인지 나는 내 마음의 소리에 점점 예민해지게 되었고, 타인과 갈등을 좋아하지 않게 되었으며, 남을 배려하는 사람이 되었다.

점점 나는 책을 읽으며 인상적인 구절을 기록하고 자주 훑어보는 습관을 갖게 되었고, 훌륭한 사람의 이야기에 귀를 열게 되었다. 나 자신을 약자로 생각하고 또 그런 사람들에게 감정 이입을 해서 그런지 몰라도 사회적인 시각에서는 착한 사람에 속하게 됐다.

그런 나는 나의 행동이 적절했는지 가끔 묻게 되었다. 20대 후반이 되기 전까지는 불균형적이었는데 차츰 좋아져 심리상담을 받으면서는 조화를 조금씩 이뤄가게 되었다. 자기 인식에 대한 통합이 심리상담의 과제이기도 하다.

또한, 나는 사랑할 때 상대를 최대한 배려하는 남자에 속한다.

사랑을 나의 이기적인 목적을 위해서 이용하는 사람은 결코 아니다. 나는 그저 내 앞에 그녀가 존재하기에 나는 그 사랑을 믿고 따라가 볼 수밖에 없다고 생각하는 남자다.

강점을 발휘하는 일은 완전히 찾지는 못했지만, 지금 그 꿈을 실현해 나가고 있다. 처음에는 전혀 몰랐는데 나는 그 일에 적합한 사람이 되어 가고 있다는 것을 최근에 알게 되었다. 그동안 수많은 시도가 물거품이 되고, 계획이 좌절되었다.

그런데 지금 꿈꾸는 작가로서 혹은 행복한 삶의 운동가로서의 나의 비전은 그런대로 진척을 시킬 수 있을 것 같다. 선생님과 심리상담을 받으며 나를 투명하게 바라보게 되었고, 살아갈수록 점점 더 용기가 생기기 때문이다.

나도 세상을 긍정적으로 바라보는 아이였을 것이다. 그런데 세상은 성장하는 내가 '너는 그렇지 않다.'라는 것을 강요했다. 중학교 시절부터 기억이 난다. 그때는 공부를 잘 못할 경우에는 체벌을 가했다. 특히 체벌이 심한 수학 시간은 공포 그 자체였다.

나는 가정환경의 영향 때문인지 청소년 시절을 별생각이 없는 무딘 아이로 보냈다. 아마 부모님에게서 적절한 돌봄을 받지 못한 나는, 폭력적인 학교 분위기를 반항 없이 그대로 답습했을 것이다.

나는 남들이 보기에는 착실하고 모범적인 학생이었다. 선생님의 말씀을 곧이곧대로 들을 정도로 나의 별명은 '윤리적인 인간'이었다. 그것은 도덕 과목에서 항상 100점을 맞아서 붙어진 별명이기도 했다. 그리고 남들 다 자는 수업 시간에도 나는 결코 잠을 자지 않았기 때문일 것이다.

고등학교 때에는 대학 입시에 정신을 팔아서 아무 생각 없이 학창 시절을 살아냈다. 아마 그 기저에는 불만과 함께 불안이 있었을 것이다. 그때 나의 꿈은 좋은 성적을 받아서 눈치만 보는 지긋한 고향을 떠나서 서울로 대학을 가는 것이었다.

그렇게 나도 성적 지상주의의 피해자 중 한 명이 되어 갔다. 대학에서도 저학년 때는 아무 생각이 없었다. 나는 머리를 다쳤고, 내가 잘하는 것은 앉아서 공부하는 것밖에 없었으며, 우리 집이 가난하고 불안정하다는 이유만으로 법학 자격증인 법무사 시험에만 목을 맸다.

그때는 돈을 많이 벌어서 빨리 안정적인 가정을 꾸리고 싶었다. 그런데 나의 인생은 다른 길을 예비해 놓았는지 결코 그렇게 되지 않았다. 나의 청춘에는 실패라는 계획은 없었다. 내게는 화려한 성공과 아름다운 환상만 가득 찼던 시절이었다.

되돌아보니 나는 성적과 물질 만능주의의 피해자였던 것 같다. 그러던 시기에 책을 좋아하게 되면서 특히 명상 서적이 나의 욕심을 무너트리는 데 큰 역할을 했다. 나는 점차 삶의 의미를 생각하게 되고, 보람찬 인생을 꿈꾸는 나로 변하게 된다.

우울증은 어머니와 갈등이 빚어진 20대 후반에 나타나기 시작했다. 대학 시절에는 중독 증세가 심했다. 특히 자신을 속일 수 있었던 채팅과 빠른 쾌락을 안겨준 테트리스 게임에 중독되어 한심한 시절을 보낸 기억이 있다.

나도 다른 사람들처럼 삶을 한탄하게 되고, 몸이 무기력해져 갔다. 처음부터 내가 그런 사람은 아니었다. 나는 그 이전까지는 매우 긍정적인 사람이었다. 이것은 불안을 억압해서 나타난 결과라는 것을 이제는 안다.

그때의 나는 너무 우울했고 삶이 원망스러웠다. 제대로 되는 일이 하나도 없었고, 세상이 부정적으로만 보였다. 마음에 욕심이 가득했는지 그때는 하는 일마다 정상적으로 되는 게 없었고, 가는 곳마다 사람들로부터 거절당하거나 욕을 먹었다.

나는 자신을 강하게 몰아붙이는 편이었다. 그래서 쉽게 피곤을 느꼈고, 남을 그만큼 의식했다. 그래서 번아웃 증세에 자주 시달리곤 했다. 대학 시절에는 책을 무척 즐겼는데, 너무 소진됐는지 언젠가는 책을 읽지도 못하는 시기를 보낸 적도 있다.

그런데 이런 점들이 선생님과의 상담을 통해 좋아지기 시작했다. 내 마음에 욕심이 많은 줄 깨달으면서 내 삶은 점점 가벼워졌고, 너무 일 중독과 같은 마음으로 살아서 사람 관계에 소홀하고, 있는 그대로의 환경과 자연을 즐기지 못하는 내 태도를 바라볼 수 있게 되었다.

앞에서 말한 대로 나는 쉽게 충동적으로 되었고, 중독 성향을 자주 보였다. 공부하다가도 마음의 인내심이 다하면 금세 다른 공부로 전향하는 모습을 자주 보였다. 하고 싶은 일을 계획했다가도 금세 다른 꿈으로 바뀌기도 했고 말이다.

대학 시절에는 채팅에 중독이 돼 밤을 새우며 시간을 보낸 적이 많다. 또 테트리스라는 게임에 중독돼 역시 밤새 그것만 하며 시간을 허비한 기억도 있다. 이 버릇은 선생님과의 상담을 받고 많이 좋아지게 되었다.

하지만 그 충동과 중독은 다른 부분으로 이어져, 나는 충동적으로 싸지르는 글을 쓰는 버릇이 생겼다. 한때는 내 주장을 극단적으로 펴는 글을 써서 사람들과 갈등이 생기거나 전혀 공감을 받지 못하는 상황에 처하기도 했다.

또한, 나는 자의식이 강해 대인관계에서 매우 예민하게 행동하게 되었다. 그래서 점차 사람과 함께하는 시간이 두려워졌고 사람들을 만나기가 싫었다. 그래서 선생님과 상담을 받는 동안에도 사회적으로 고립된 시간을 오랫동안 가졌었다.

다행히 이 점은 교회를 나가게 되고, 회사에서 좋은 선배를 만나면서 좋아지게 되었다. 그리고 대학 때 친하게 지내던 형과 연락을 다시 하면서 혼란스러웠던 나 혼자만의 시간은 차츰 균형을 찾아가게 되었다.

나의 경우에는 적절한 때 요구되는 과제를 잘 뛰어넘지도 못했다. 사랑은 잘 풀려가지 않았고, 하는 일마다 속속 용기가 사라지는 시절이었다. 나와 사귀는 친구들은 자기를 이해해 주기만을 바랄 뿐, 나를 배려해 주지는 않았고, 지금 하는 일은 어렵지 않았으나 깊은 만족을 나에게 주지는 못했다.

청소년 때부터 나는 내가 누구인지, 어떻게 인생을 살아갈 것인지를 한 번도 생각해 보지 않고 무디게 그 시절을 살아냈다. 그 여파 때문인지 몰라도 대학에 와서 그 고민이 한꺼번에 쏟아졌다. 그래서 그 시절에 그렇게 방황을 많이 한 건지도 모르겠다.

이것은 선생님과 상담을 하면서도 이어졌다. 내가 누구인지 감을 전혀 잡을 수 없었다. 나의 경우에는 어머니와의 갈등이 생기고 나서 몇 년 동안을 스스로 사회로부터 철수시킨 경험까지 있었다. 그랬기에 나의 좌절감은 상당했다.

나는 열등감이 많은 것에 비례해 크게 성공하고 싶은 열망이 가득했다. 그런데 내가 누구인지 모르니, 어떤 길로 가야 할지, 어떤 사람이 되고 싶은지 이런 고민이 잘 풀리지 않았다. 다행히 선생님의 고요하면서도 일관되게 안정적인 모습을 지켜보며 나는 나 자신을 다독이며, 나의 본질에 접근하게 됐다.

그래도 상담을 받으며 절정의 시간을 보낼 때의 나는 너무나 고통스럽고 모든 게 혼란스러웠다. 제대로 되는 게 없기도 했지만, 내가 뜻하지 않게 피해를 많이 본다는 생각이 들었기 때문이다. 피해 의식은 나의 자아가 튼튼하지 못해서 생기게 된 것이라는 걸 이제는 안다.

그래도 선생님과의 상담은 나를 안정시키는 주요한 시간이었다. 나는 점차 내 생활에 만족해 나가기 시작했고, 일상을 그냥 남들처럼 살아갈 수 있는 것을 위안으로 삼았다. 이때의 나는 너무 정신이 없었기에 하루를 그저 살아내는 것만으로도 나는 안정이 되었다.

깨우침 넷

머무르고픈 유혹

라마크리슈나의 말마따나 "사람들은 여기서 감로를 맛보며 머무르고 싶은 유혹을 느낀다." 이것은 그토록 달콤하고, 그토록 은혜롭다. 깨달음 직전에 도달하면 예전 방식이 오히려 더 유혹적이어서 여러분을 뒤로 잡아끌게 마련이다.

- 조지프 캠벨

이 단계에서 많은 내담자가 상담을 포기한다. 또 한 번의 수고를 해야 하는 것이 괴롭고 고통스럽기 때문이다. 그런데 "가장 어두울 때 새벽이 찾아온다."라는 말처럼 이 단계를 지나게 되면 생기 있는 삶이 찾아온다. 우리가 떠나온 고향으로 돌아갈 수 있게 된다는 말이다.

신화를 보면 영웅의 귀환에 관한 이야기가 많이 나온다. 오디세우스의 방황 10년이 대표적인 예이다. 그는 자신이 떠나온 고향을 향해 여정을 멈추지 않는다. 배는 난파되고, 선원들은 마법에 빠지게 되는데 결국 그는 용기를 내어 고향으로 돌아온다.

심리상담 과정도 마찬가지인 것이, 두려움이 우리의 앞길을 막는다. 그런데 많은 내담자는 용기 있는 사람이었다. 그들은 끝내 두려움에 지지 않고 그 길을 완수한다. 그 끝에는 수많은 별이 빛나는 길이 열리게 된다.

게으름도 살펴본다. 이것은 어려서 우리의 가정환경 속에서 부모님으로부터 받은 영향이 크다. 아이에게 있어서 부모는 세상 전부를 뜻하기에 모범적인 부모 밑에서 바른 아이가 자랄 수 있다. 설사 흐트러진 가정이라고 하더라도 그 속에 사랑이 있으면 단정한 아이로 성장할 수 있게 된다.

또 하나 인상 깊게 봐야 할 부분은 열등감과 수치심에 관한 내용이다. 이것도 어려서 역기능 가정 속에서 자란 아이들에게 주로 나타나는 부분이다. 이 아이들은 자신을 매우 부끄러워하며, 자신을 부적절한 존재로 여기기 쉽다. 게다가 수치심이 심한 아이들은 자신을 부모를 구해야 하는 존재로 여기며 성장하기에 자신의 삶을 살아내지 못하거나, 심하면 정체성 혼란을 겪기도 한다.

이 장에서는 어중간한 상태에 놓인 내담자의 이야기를 주로 살펴본다. 뒤로 후퇴하지도 못하고, 그렇다고 앞으로 전진할 마음도 없는 내담자의 경우를 보게 된다. 이 단계를 넘어서게 되면 천진난만하게 살아갈 수 있는 시기가 다가오고, 그렇지 못할 경우에는 영웅의 여정에서처럼 영웅은 우리에게서 잊히게 된다.

01
고집을 부리는 이유

정신 치료는 우리가 생각하는 것처럼 그렇게 쉬운 과정이 아니다. 상담 과정이 어느 정도 진척을 이뤄 내담자가 변화될 정도의 모습을 보이면, 처음과 비슷한 또 한 번의 우울증 시기가 온다. 이 우울증도 변화가 시작되고 있음을 나타내는 신호다.

상담가에게도 또 한 번의 시도가 요구되는데, 그것은 내담자가 성장한 지점을 오른 자리에서 후퇴하지 않게 어르고 달래는 작업이 필요하다. 노련한 상담가는 내담자의 치유가 자신의 노력에 의해서라기보다는 내담자와 온정적인 치료 관계를 유지함으로써 자연스럽게 이뤄지는 것으로 알고 있다.

이 단계는 많은 신화에 나오는 내용과 흡사한 부분이 많다. 영웅들이 여정을 떠나 갖은 고난을 겪으며 천신만고 끝에 황금 양털을 손에 넣기까지의 과정은 참으로 힘들다. 그 여정에서 보물을 획득함으로써 영웅의 여정은 끝을 맺는 것처럼 보인다. 현실적으로도 지난한 여정을 거친 그에게 쉼이 허락되어야 한다. 그러나 운명은 영웅에게 획득한 보물을 다시 한번 이 현실 세계로 가져올 것을 주문한다.

이 일은 현대의 심리상담실에서도 그대로 똑같이 벌어지고 있다. 내담자는 모진 시련과 눈물 나는 과정을 거쳐 처음 상담에 가지고 온 문제를 해결해냈다. 그런 내담자에게 다시 한번 똑같은 과정을 거쳐야 한다는 것은 잔인한 일로 보인다. 그러나 우리는 알고 있다. 끊임없이 변화하는 과정 속에 놓이는 것만이 인생의 정답이라는 것을 말이다.

보통의 내담자는 발을 동동 구르고, 변화하지 않겠다며 버틴다. 심하면 상담 초기의 모습으로 후퇴하는 모습을 보이기도 한다. 그러나 이제는 상당한 단계를 거쳐 왔으므로, 내담자는 과거로 돌아가기도 뭣하고 그렇다고 앞으로 전진하자니 겁이 잔뜩 나는 상황에 처하게 된다.

사실 상처가 깊은 내담자일수록 이 고집은 심하다. 상처를 어려서 입을수록 내상은 오래 가고 지독한데, 심하면 너무 예민해지고 신경이 곤두서게 된다. 모든 일에는 장점과 단점이 있어서 이들은 사물을 유의 깊게 관찰하는 버릇이 생기는데 그게 그들의 통찰력을 향상시켜 준다. 이것은 어려서 부모의 적절한 양육을 받지 못한 경우로 볼 수 있기에 이런 내담자들은 불안 수준이 심하다고 볼 수 있다.

또한, 사람은 상처가 나아야 원만한 생활로 돌아갈 수 있다. 그런데 상처가 깊은 내담자는 아직 치유가 이뤄지지 않아, 더욱 고집을 부리게 된다. 내담자가 이와 같은 모습을 보인다는 것 자체가 이들에게는 앞으로 치료할 것이 남아있다는 반증이기도 하다. 이것은 어려서 싸우던 아이들이 화가 풀린 아이는 멀쩡한데, 아직 화가 남아 있는 아이는 악을 쓰는 것과 마찬가지인 모습이다.

결국 내담자는 갈팡질팡하는 시간을 오래 갖다가, 상담가 선생님의 일관된 관심과 지지를 느끼는 순간 내담자에게 변화의 기회가 찾아온다. 그만큼 상담가의 정신이 맑고 건강할 것이 요구된다고 볼 수 있는 장면이다. 상담가의 변함없는 애정이 결국은 내담자의 마음의 벽을 또 한 번 무너트리게 되고, 내담자는 일 보 후퇴 후 이 보 전진을 이루게 되는 것이다.

02
게으름을 넘어서야 한다

내담자를 방해하는 큰 요소는 바로 게으름이다. 게으름 역시 정신 치료에서 중요하게 다뤄지는 개념이다. 우리가 쉽게 게을러지는 것도 어렸을 적의 양육과 가정환경의 모습이 큰 영향을 끼친다.

아이는 부모의 모습을 그대로 답습하게 마련인데, 부지런하고 질서 있게 생활하는 부모님을 볼 경우에 아이들은 '아, 저게 사람이 사는 모습이구나.' 하고 생각하게 된다. 그래서 이런 가정환경에서 자라는 아이들은 질서정연한 삶을 꾸려가게 된다.

사람들은 생각 외로 가정의 중요성을 간과한다. 가정은 한 아이의 정신적 성장에 있어서 가장 결정적인 역할을 하는 곳이다. 세상에 게으르고, 충동적이며 중독에 잘 걸리는 유형의 사람이 많은 이유도 바로 그런 가정환경을 가진 아이들이 많았기 때문이다.

문제는 현대에 들어서서 건강한 가정이 많지 않다는 점이다. 건강한 가정에는 자기 일에 집중하고 자상한 아버지가 있고, 마음이 따뜻하고 이해심 많은 어머니가 있다. 그곳에서 아이들은 아이답게 생동감을 가지며 잘 자랄 수 있다.

대부분의 현대 가정의 모습은 아버지는 사회생활에 찌들어 있어서 여유가 없고, 어머니는 너무 바쁜 나머지 아이를 챙겨줄 시간이 없다. 이 속에서 건강한 아이가 나올 가능성은 적다. 현대의 많은 아이가 신경증을 비롯해 많은 정신적 질병을 앓는 이유가 여기에 있다.

위와 같은 가정환경에서 자라게 되면 대부분의 아이는 자신이 해야 할 일은 뒷전으로 미루고 게으름을 피우게 된다. 가정에서 소중하게 자신의 존재감을 느끼며 자란 아이들은 다르다. 이들은 마음이 결핍되어 있지 않아, 자신의 욕망에 열려 있고, 그래서 결국 자신들이 하고 싶은 일을 하며 살아가므로 게으를 틈이 없다.

게으름은 우리의 정신적 성숙에 큰 장애가 된다. 그리고 우리는 게으름만 극복할 수 있으면 다른 모든 장애물은 쉽게 뛰어넘을 수 있다. 반대로 우리가 게으르게 되면 각종 정신 질환에 걸릴 가능성이 커진다.

03
분노를 다스리는 방법

상담 과정을 통해서 아직 분노가 남아 있는 내담자는 심하게 저항하게 마련이다. 마치 아이가 화난 상태에 있을 때와 같은 모습이라고 보면 된다. 보통 상담에 참여하는 내담자들은 분노를 마음속 깊이 억누른 상태로 온다. 그래서 이들은 분노 표출을 잘 하지 못한다. 화난 아이가 있을 경우 우리는 어떻게 해 줘야 할까?

성장하려는 의지가 높고, 성실한 내담자들일수록 분노를 억누르기 쉽다. 이들의 잠재된 에너지 수준이 높기 때문에 반대로 분노도 깊이 억누르게 된다. 심리상담은 어떻게 보면 적절한 대상에게 표출하지 못한 분노의 불길을 열어 주는 과정으로도 볼 수 있다. 더구나 참는 것을 예의라고 생각하는 우리나라의 경우에는 더욱더 그렇다.

분노는 무서운 에너지다. 그래서 잘못해서 방심할 경우, 이 에너지는 엉뚱한 곳으로 방향을 돌릴 수 있다. 얌전하고 조용하던 사람이 갑자기 열혈 악플러가 된다는 식이다. 이것은 적절한 대상에게 향해야 할 분노를 쏟아내지 못해서 그 에너지가 잘못된 방향으로 향한 경우다.

우리나라 사람들은 대부분 화가 많이 나 있다. 대중교통을 이용해 봐도 그 점은 쉽게 확인할 수 있다. 양보하는 것을 미덕으로 배웠지만, 우리는 자기만을 생각하기 바쁘다. 물론 현대 사회가 복잡하고 바쁘게 돌아가기에 그렇다고 볼 수 있지만, 이것은 정상적인 생각을 하는 사람들이 살아갈 수 있는 곳이 되기 힘들다. 그만큼 우리는 오늘 하루도 바쁘게 살아내고 있다.

이 사람들은 조금만 상대가 잘못을 해도 불쑥 화부터 내고 본다. 왜냐하면, 이들은 이미 무척이나 화가 많이 나 있는 상태였기 때문이다. 그만큼 많은 사람의 마음에는 여유가 없다고 보면 된다. 심리상담은 우리의 조급했던 마음을 한 호흡 더 쉬게 해 준다. 상담실은 그런 의미에서 매우 편한 휴식의 공간이 된다.

내담자의 분노가 풀리지 않을 때, 상담은 진전을 이루기 힘들다. 그에 비례하는 만큼 용서라는 주제는 심리상담에서 중요하게 다뤄진다. 한때 용서를 주제로 하는 책이 많이 출간되었다. 이는 현대인의 마음속을 정확하게 반영하는 현상으로 볼 수 있다. 우리가 쉽게 용서하지 못하는 것은 타인을 향한 마음이 열리지 않아서이다. 어떻게 보면 마음이 그만큼 각박하다는 의미이고, 또한 그만큼 우리 마음속에 사랑이 엷어졌다는 뜻이다.

분노는 적절한 대상을 향해 쏟아냄으로써도 풀리겠지만, 치료자로부터 내담자가 사랑의 양을 충분히 받아도 불같은 그 에너지가 수그러들 수 있다. 동서양 현자들이 괜히 사랑과 자비를 이야기한 것이 아니다. 다른 사람을 향해 마음을 열고, 이웃에게 손을 내밀 수 있을 때 우리 마음속에 잠재된 분노는 사라진다.

결국 용서라는 것도 사랑을 충분히 받아야 가능하다는 결론에 도달한다. 어려서 가정에서부터 사랑을 많이 받고 자란 아이들은 용서를 잘한다. 마찬가지로 사회 속에서 사랑을 많이 나눈 사람들이 용서를 잘할 수 있다. 이런 이들이 많아질 때 사회는 보다 온정적이고 화목한 곳이 될 것이다.

04
자존감의 반대인 열등감

치료가 원만하게 이뤄진 내담자는 있는 그대로의 자신의 모습에 만족하게 된다. 그런데 열등감이 아직 남아있는 내담자는 세상을 여전히 왜곡된 시각으로 바라본다. 열등감은 매사 그것에만 신경을 곤두세우게 만들기에 이것은 당사자는 물론이고 주변 사람들까지 피곤하게 한다.

열등감이 있는 사람은 정신 질환에 잘 걸린다. 자존감은 마음의 건물을 지을 때 기초가 되는 토대이기 때문이다. 그만큼 열등감이 심한 사람은 현재를 잘 살지 못한다. 정신이 건강한 사람은 지금 여기를 잘 살아가는 반면에 그렇지 못한 사람들은 과거에 신경이 가 있거나, 미래에 대한 걱정에 생각이 쏠려 있다.

우리가 욕심을 줄이는 것만으로도 자존감은 상당한 성취를 이룰 수 있다. 이 말은 열등감이 심한 사람은 자신이 가진 것에 만족하지 못한다는 뜻이다. 장자에 보면 이런 말이 나온다. “학의 다리가 길다고 자르지 말라. 오리의 다리가 짧다고 늘이지 말라."
즉, 모든 존재는 자신이 생긴 있는 그대로의 모습으로 살 때 가장 편하다는 것이다.

열등감이 심한 사람은 자신의 단점에 대해서만 생각하는 특성이 있다. 찾아보면 자신의 장점도 많은데 이 점을 보지 못한다. 남들은 그들을 신뢰할 수 있는데 이들은 스스로 자신을 믿지 못하기 때문이다.

우리가 갖게 되는 열등감은 그 종류도 다양하다. 누구는 자신이 못생겼다고 생각하며 자신을 너무 창피해하고, 또 누군가는 키가 작아서 불만이고, 집안이 남들보다 좋지 못해서 또 문제가 된다. 한국 사회 특유의 학벌 열등감도 있고, 거기서 이어지는 능력 열등감도 있다.

그런데 잘 생각해 보자. 우리가 지금 정말 행복하지 못한 것이 남들보다 못났기 때문일까? 남들은 모두 완벽할까? 열등감이 문제가 되는 것은 이들이 항상 남들과 비교한다는 것이다. 혹은 이들은 욕심을 갖고 있어서 늘 남들보다 우월감을 느끼려고 한다.

많은 내담자는 현재 자신의 상태에 만족하지 못한다. 그 이유는 무척이나 많은데 누구는 현재가 공허해서, 또 누구는 외롭고 부족한 느낌이 들어서다. 자신이 충분히 갖고 있지 못하다는 결핍감은 상담 과정에서 앞으로 전진하지 못하게 만드는 요소가 된다. 앞서도 말했지만 우리는 충분히 겪거나, 충분한 것을 받아야지 그것을 다른 사람에게 나눠줄 에너지가 생기기 때문이다.

05
수치심이 생기는 이유

심리상담가 수잔 포워드는 유독한 부모라는 개념을 만들었다. 부모로서 의무를 다하지 않고, 지나치게 아이 일에 통제하고 간섭하는 부모가 있다. 그리고 알코올중독인 부모가 있고, 정서적으로 학대하는 부모들도 존재한다.

이들은 자녀의 인격이나 자기 존중감을 길러 주지 못한다. 이러한 유독한 부모나 역기능 가정 속에서 자란 아이들은 이상적인 가정에 대해서 더 많은 환상을 가지게 된다. 현실에서 만족하지 못한 것을 환상 속에서 대리 만족하고자 하기 때문이다.

수치심은 어려서부터 가정환경의 영향을 크게 받는다. 부모가 제대로 기능하지 못하고, 친밀한 부부관계의 모습도 보여 주지 못할 때 아이가 받을 수치심을 생각해 보라. 현대 사회에는 사회생활을 하느라 바쁘고 가정에 소홀한 아버지가 존재하기에, 가정은 오로지 어머니가 챙겨야 할 공간이 되었다.

그 속에서 지배적인 어머니가 탄생하게 된다. 그녀들은 남편으로부터 충분한 배려와 사랑을 받지 못하기에 자녀로부터 그 사랑을 요구하기에 이른다. 이것은 얼핏 듣기에도 오류가 있어 보인다. 그런데 그런 가정이 실제로 많이 존재한다. 한마디로 말해서 역기능 가정이다. 이 속에서 아이는 어머니의 대리 남편이 되어야 하므로, 아이로서 보내야 할 어린 시절을 아이답게 보내지 못하게 된다.

수치심이 생기는 이유는 결국 가정이 건강한 모습을 보이지 못하기 때문이라 할 수 있다. 그 속에서 자란 아이들은 어려서부터 엄청난 수치심을 나타낸다. 그래서 자신은 못난 사람이라 생각하고, 심하면 자신은 부적절한 존재라고 생각하기에 이른다. 역기능 가정에는 지배적이고 권력적인 어머니가 존재한다. 이들은 자녀가 자신의 삶을 제대로 살아가게 만들지 못한다.

이들도 부모와 마찬가지로 중독 성향에 빠지던가, 도달할 수 없는 이상향을 그려놓고 완벽주의적인 모습을 나타내기도 한다. 심하면 자신의 정체감을 느낄 수 없어 심한 혼돈 상태에 놓이기도 한다. 이들의 수치심은 어려서부터 뼈 속 깊이 각인되어 있다. 그리고 이들은 향후 매우 안 좋은 경과를 보인다.

수치심의 치료는 쉽지 않다. 어려서부터 지배적인 가정 분위기에서 자랐으므로 이들은 눈치를 많이 보는 편이다. 눈치를 본다는 건 자아가 튼튼하게 형성되어 있지 않다는 말과도 같다. 심하면 이들은 이성과의 연애 관계도 잘 맺지 못하고, 제때 요구되는 인생의 과업을 잘 수행하지 못하게 된다.

보통의 경우 가족 역동 치료에서 수치심을 많이 다룬다. 그만큼 수치심은 내담자 본인의 치유만으로는 효과를 보기가 힘들기 때문이다. 이들을 치료하는 방법은 어려서 부모가 건강한 반사대상이 되어주지 못했으므로, 상담가는 대리 부모가 되어서 내담자를 항상 존중하는 모습을 보여 주고, 지지해 주는 역할을 하게 된다.

06
두려움에 지지 말자

내담자가 이 단계에서 앞으로 나아가지 못하는 가장 큰 이유도 불안 때문이다. 심리상담에 주로 참여하는 내담자들은 불안의 정도가 일반인들보다 높다. 한마디로 이들은 세상을 무서워하고 겁이 많은 유형의 사람으로 보면 된다. 어려서부터 그런 환경 속에서 양육되었기에 이런 모습을 나타내게 되는 것이다.

역설적으로 들릴지 모르지만, 그렇게 겁이 많은 내담자가 심리상담 과정에 뛰어들었다는 것 자체가 이들의 내면 깊숙한 곳에 용기가 잠재되어 있다는 반증이다. 사람은 겉모습만 가지고는 잘 판단할 수 없다. 이들이 그 대표적인 예가 될 것이다.

깊이 숙고해 보면 인생이란 것이 사실 그렇게 두려워할 것이 많지 않다는 것을 알 수 있다. 인간은 언젠가는 모두 죽게 마련이다. 오늘 죽으나, 내일 죽으나 사실 다를 것은 없다. 그러니까 두려움에 대한 두려움이 인간을 불안하게 하고 힘들게 한다.

앞서 이 단계에 있는 내담자는 이쪽이나 저쪽으로도 가지 못하는 상황에 처하게 된다고 했는데, 이럴 때 요구되는 것이 '사자의 입속으로 머리를 처넣는 것'이다. 인생이란 때론 무모하더라도 용기를 낼 필요가 있다. 인생에는 무수한 시도가 있을 뿐이지 실패는 없다는 생각으로, 조금만 용기를 내어 앞으로 전진하면 좋다.

그러면 길은 밤하늘의 빛나는 별들처럼 아름답게 열리고, 두려움은 온데간데없이 사라진다. 바로 천복의 길이 열리는 것이다. 용기 있는 자만이 무서운 용과 맞서서 아름다운 공주를 구해낼 수 있다. 신화에서 말하는 영웅의 모험이 신기루만은 아니다. 내담자는 자기 내면 깊숙한 곳으로 들어가 자신 안에 잠재해 있는 용과 맞서야 한다. 그러면 내담자는 언제 어디서나 살아 넘치는 삶을 살아갈 수 있게 된다.

신경증에서 성격이 고착되어 성격장애 상태로 넘어가는 것도 따지고 보면 용기를 내지 않기 때문이다. "적절한 때의 한 땀은 나중의 아홉 땀을 덜어 준다."라는 속담도 있듯이, 우리는 적절한 때에 자신의 세계관을 있는 그대로 내보일 용기를 내야 한다. 그렇지 않으면 우리가 피하려고 했던 그것보다 더 불편하고 갈등하는 삶을 살아가야 하기 때문이다.

깨우침 넷 

나에게도 일어났던 일 ④

내게도 치료가 진행되면서 처음과 비슷한 우울증의 시기가 왔다. 난 치료는 이만하면 충분하다고 생각하려는 특성이 많았다. 그런데 선생님은 한결같이 나의 이야기를 경청해 주시고 치료에 집중하셨다.

그때부터 나의 반항이 시작되었는지도 모른다. 신화 책에서 영웅 여정을 떠난 자는 천신만고 끝에 획득한 보물을 안고, 또 한 번의 수고를 할 것이 남는다. 바로 귀환으로 대표되는데 실제로 내담자들도 또 한 번의 문턱을 넘어야 한다.

나는 그 시절 정치에 너무 관심이 많이 생겨서 정치적인 발언을 하고 싶었다. 그리고 관련 사이트도 하나 만들었는데 불편한 진실을 말하는 솔직한 공간이었다. 이때는 너무나 빨리 유명해지고 싶은 열망으로만 가득 찼었다.

선생님은 그런 나를 이해해 주셨다. 그리고 내가 왜 그런 욕망으로 가득한지 깨닫게 해 주셨다. 어려서 나는 부모님이나 선생님 그리고 사회로부터 인정을 받은 경험이 거의 없었다. 나의 존재감을 확인할 길이 전혀 없었던 것이다.

그리고 내가 흥미를 느낀 독특하고 재밌는 두 명의 작가처럼 되고 싶다는 충동도 끊임없이 일어났다. 나는 혼자서 생각하는 것을 좋아해서 꼭 철학을 해야 할 것만 같았고, 더 나아가 정치인이 되어서 한국 사회를 리드해 나가야 할 것 같은 열망이 심했다.

이런 충동이 생길 때면 나는 세상을 흑백 논리로만 받아들이게 되었다. 그리고 이때부터 조울증의 모습도 보이게 됐다. 한때는 너무 세상이라는 것을 뭐든지 가능한 것으로 여기고, 자신감 있게 받아들였다. 그러다 때가 되면 너무 자신 없고, 우울한 태도를 지니게 됐다.

이때까지도 내게 세상은 너무 불완전해 보였고, 불평할 것이 많이 보였다. 그래서 꼭 내가 나서서 세상을 이끌어가야겠다는 생각을 많이 했고, 그러려면 되도록 빨리 유명해져야겠다는 포부를 드러냈다.

나에게는 욕심이 가득했던 시절이었고, 선생님이 안 계셨으면 그런 나를 되돌아보지 못하고 일방적으로 직진해서 인생이 고꾸라졌을 것이다. 이때 이런 생각이 가득 차면 머릿속이 혼란스러웠고, 세상을 꼭 전쟁터인 것마냥 적대적으로 인식했다.

그럴 때면 나의 피해 의식은 더 높아지고, 나를 과대하게 생각하는 특성도 더욱 뚜렷해졌다. 결국 많은 시간이 흐르는 동안 '솔직한 내 욕망에 집중해서 철학과 정치를 하느냐, 혹은 정신을 차려서 심리상담가를 준비하며 내 일에 집중하느냐?'라는 생각을 반복했다.

나는 이때 인생을 어떻게 생각했느냐면, '삶은 그냥 저절로 되는 대로 살아가면 된다.'라는 생각으로 너무 충만해 있었다. 나에게 어울리는 삶은 그저 지금 현재 행동하게 되는 대로의 삶이라는 영감에 빠져 있었다.

그런데 실제로 그렇게 삶을 살아 보니 인생이 제대로 흘러가지 않는 것이었다. 그럴 때면 또 선생님에게 상담을 받으러 가서 인생이 잘 풀리지 않는 것에 대해 한탄을 늘어놓고는 했다. 그러다 다시 또 정상적인 삶을 살려 하고, 또 반복하는 인생을 살았다.

지금 생각하면 내가 왜 그 시절 그렇게도, 그냥 되는 대로 사는 것에 집착했는지 깨닫게 된다. 그것은 바로 또 한 번의 수고에 대한, 그러니까 현실적인 생각으로 다시 돌아오는 것에 대한 두려움 때문이었다.

그리고 또 다른 이유는 바로 게으름 때문이었다. 이때에도 나는 주간지 영업 일을 하고 있었는데 그 일도 지루한 일상이 되었다. 어머니와의 관계도 그대로이고, 내 삶에 별다른 변화가 주어지지 않았다.

나는 굉장히 심하게 게으른 모습을 드러냈다. 회사에 다녀오면 저녁을 먹고 내 방에 가서 그대로 뻗었다. 그리고 조금 시간이 흐르면 과자와 음료수를 먹고 또다시 뻗은 채로 지냈다. 이 과정의 반복이 몇 년 동안의 내 모습이었다.

휴일에는 할 게 전혀 없어서 주변의 대학에 산책하러 나가는 것이 전부였다. 이때는 내 정신이 너무 혼란스러웠고, 에너지도 없었기에 아무런 활동을 할 수가 없었다. 유일한 활동은 인터넷으로 글을 읽거나, 글을 싸지르는 것이었다.

어머니와의 갈등도 심해져서 집에서 온전한 정신으로 지낼 수도 없었다. 그러던 어느 날 혼자 살아 봐야겠다는 생각에 고시원에 나가서 생활해도, 제대로 생활을 이끌어갈 수 없을 만큼 나는 혼란스러운 정신으로 그 시절을 살아냈다.

내가 이렇게 게으른 모습을 나타낸 것도 아버지의 영향이 컸다. 아버지는 다치시기 전에는 몰라도 병원 생활을 시작하신 후에는 집에서 누워있는 시간이 많았다. 부모님의 모범적인 생활을 접하지 못한 나는 저절로 나태한 습관을 지니게 되었던 것 같다.

다행히 어머니는 꽤 부지런한 분이셨는데, 대신에 나에 대한 간섭과 잔소리를 많이 하셨다. 그리고 내가 머리를 다쳤다고 해서 어릴 적부터 나를 과잉보호하며 키우셨던 것 같다. 그래서 나는 성장하며 독립적으로 무엇인가를 제대로 해 본 기억이 없다.

아버지는 다치셔서 가정을 돌볼 마음의 여유가 없으셨다. 그리고 아버지는 괴로우실 때면 술을 마시고 사고를 많이 내셨다. 그런 아버지와 함께 살아온 어머니는 화병이 생기고, 지배적인 성격의 여자가 되셨다.

위와 같은 가정환경 속에서 자라서 나는 어머니의 대리 남편 역할을 떠맡아야 했고, 착하게 행동해야 했으며, 알아서 아버지나 어머니의 의중을 맞춰드려야 했다. 그렇지 않아도 어머니께서 아버지 때문에 힘든데 나라도 착실하게 살아야 했다.

이와 같이 자라게 되면서 내 안에는 주체할 수 없는 분노가 쌓였다. 나는 선생님께 상담을 받기 전에는 내가 그렇게 분노가 많은 사람인지 몰랐다. 그저 지독히도 고집이 세고, 남들과 협조를 잘 안 한다고만 생각을 했었다.

내가 선생님과의 치료를 처음에는 잘 진행하다가, 중반부터 저항을 많이 한 이유도 바로 분노 때문이다. 나는 평소에는 얌전하고 조용한 사람이었는데, 한 번 반항적인 에너지가 터지면 나조차도 주체할 수 없을 정도였다.

내 안에 분노가 많아서 나는 사람들과 눈 마주침을 두려워한다. 특히 부모님과의 눈 마주침은 절대로 하고 싶지 않다. 그 이유는 먼저 큰 슬픔과 마주칠 것 같고, 다음으로 아주 큰 분노를 느낄 것 같아서다.

또한, 나는 현실에서 기가 죽어서 지내는 편이었다. 회사에서는 선배 외에는 말도 거의 하지 않고, 오로지 일에만 착실한 모습이었다. 그래서 사람들은 나를 보고 조용하고 착하다고 했는데 나는 속으로 내 진짜 모습은 그게 아니라고 생각했다.

대신 나는 온라인 속에서는 글로 내 주장을 강하게 펼쳤다. 그랬더니 아무도 나의 글에 공감을 하지 않고, 다들 시비를 걸며 불평을 많이 했다. 한 번은 심하게 다투어 사이트에서 쫓겨나는 일이 벌어지기도 했다.

회사에서는 항상 착실한 직원이었는데, 나는 또 인권과 정의에 대한 심한 왜곡에 빠져 있었다. 그리고 그것을 바르게 주장할 줄을 몰랐다. 그래서 회사 사장님과 한 번 대판 싸운 일도 있었다. 항상 인권 문제는 내게 살얼음판을 걷게 하는 문제였다.

현실에서 나는 따뜻한 사람이었다. 다른 사람들도 나를 그렇게 바라본 것 같은데, 나는 인권적인 생각으로 머릿속이 가득 차면, 인정사정없이 직설적으로 이야기하고 싶은 충동을 느꼈다.

그래서 타인을 용서할 수 없었고, 세상을 향해 원망을 쏟아내거나 한탄만 했다. 그럴 때면 인터넷에 강한 분노가 담긴 글을 쓰던가, 극단적인 주장을 펼쳐 사람들을 곤혹스럽게 만들고 욕을 많이 먹게 되었다.

아버지는 뭐든지 허용해 주시는 분이셨는데 대신에 충동적인 모습을 자주 보이셨다. 반면에 어머니는 인내력 있는 모습을 보여 주셨지만, 대신에 지배하시는 분이셨다. 그렇게 나는 아버지의 충동적인 모습과 어머니의 권위적이며 강박적인 모습을 닮게 된 것 같다.

가정에서 어릴 적부터 나는 적절한 돌봄을 받지 못했고 사랑도 항상 결핍되어 있었다. 그래서 항상 좌충우돌하고, 남들과 의견을 합리적으로 맞추지 않고 독불장군 유형으로 활동했다. 그런 나의 모습은 결국 나에게 되돌아와 나를 항상 분노가 넘치는 사람이 되게 하였다.

나의 경우에는 어릴 적에 머리를 다쳐서 열등감이 극심했다.

상담을 받기 전에는 꼭 내가 머리를 다쳐서 열등감이 심한 사람인 줄로만 알았다. 그런데 상담을 받으며 꼭 그렇지 않다는 것을 알게 됐다. 부모님의 과잉보호와 독립심을 길러주지 못한 가정 양육이 나를 부끄러운 사람이 되게 만들었던 것이다.

장애가 심하다고 해서 누구나 자신을 열등하게 생각하지는 않는다. 이것은 언론에도 많이 알려지는 사람들을 통해서도 알 수 있다. 팔과 다리가 모두 없음에도 자신감 있고, 긍정적으로 사는 사람들이 많이 소개된다. 그 사람들은 부모의 자존감이 높았기에 가능했을 것이다.

따라서 열등감이 심했던 나는 부모님이 자신들을 당당한 존재로 생각하지 못했기에 나도 그런 모습을 닮게 되었다. 아버지는 사람들과 깊은 관계를 맺지 못하셨고, 어머니는 자신의 어린 시절을 창피해하셨다.

나의 어린 시절도 마찬가지였다. 나는 아버지가 다치셔서 병원에서 생활하시는 것이 무척 창피했다. 다른 아이들 부모님은 모두 광부셨는데 우리 아버지는 그렇지 못했던 게 그 이유였다. 지금 생각하면 유치하지만, 그때는 그렇게 생각했다.

그리고 가발을 쓰고 생활하는 나 자신이 무척 창피하게 여겨졌다. 사춘기가 시작되자 여자아이들의 웃음소리만 들려도 쉽게 주눅이 들었다. 모두 나를 보고 비웃는 것 같은 느낌이 들었다. 그래도 이때의 피해 의식은 그렇게 심하지 않았다.

나의 피해 의식은 20대 후반에 어머니와 다투게 되면서 커졌다. 그전까지 나는 세상을 완전히 긍정적으로 보는 사람이었다. 나쁜 사람이 존재한다는 것도 모를 정도로 순진하기 그지없었다. 대학 때도 혼자서 많은 시간을 보내 와서 그렇게 된 것 같다.

그런데 어머니와 다투고 갈등이 생기고 난 후부터는 세상이 부정적으로만 보였다. 실제보다 나 자신도 더 주눅이 들고, 나 자신을 현실에 맞지 않는 더 이상한 사람으로 느끼게 되었다. 스스로는 괴짜라 생각했는데, 남들은 독특하다고 바라봤을 것이다.

다행히 열등감은 선생님과의 상담을 통해서 좋아졌다. 가발을 써도 언젠가부터 아무런 느낌이 들지 않았다. 사람들 속에서 내가 창피한 존재가 아니란 것도 알게 되었다. 그렇게 나의 자존감은 높아지기 시작했다.

대신 내 마음에는 뭘 해도 만족하지 못하는 공허감이 싹트게 되었다. 언젠가부터 인생이 허무하고 외롭고 공허했다. 이것은 현대인의 많은 특성이기도 한데, 나는 그 정도가 너무 심했다. 아마도 강한 수치심 때문에 그랬을 것이다.

앞서 이야기한 대로 어머니는 매우 지배적인 성격을 지니게 되셨다. 그래서 사사건건 내 일에 간섭하고 잔소리를 늘어놓으며 나를 괴롭혔다. 나의 어린 시절은 아이답게 지내지 못하고 처참한 환경이었다.

나는 꽤 무딘 아이로 성장했고, 대신 우리 집을 매우 창피해했으며, 항상 착실하고 부모님을 먼저 배려하는 아이로 자라게 됐다. 이런 가정환경 속에서 아이가 자라게 되면 나처럼 수치심이 매우 심한 사람이 된다고 한다.

항상 완벽을 추구했고, 올바르게 행동해야 했으며, 남의 눈치를 많이 봤다. 그리고 한편으로 혼자 있을 때는 매우 게으르고, 방탕하며, 제멋대로였다. 대학 시절까지도 내가 왜 그렇게 무능한지 잘 몰랐는데, 선생님과 상담을 통해 이런 점들을 깨달았다.

우리 집도 아버지가 한때는 알코올중독의 모습을 보일 정도로 술을 많이 드신 뒤에 집에 와서 이상한 행동을 하시며 행패를 부릴 때가 많았다. 다행히 아버지는 심성이 좋은 분이라 자녀들에게 손찌검은 하지 않으셨다.

어머니와 심하게 다투게 된 20대 후반 시절, 너무 괴로워서 책을 찾아보다가 『흔들리는 부모들』이라는 도서에 심취한 적이 있었다. 그 책에는 유독한 부모와 역기능 가정에 관해서 이야기하고 있었는데 전부 내 이야기인 것 같았다.

선생님과 10년을 상담해 오고 있다. 그런데 나의 수치심은 완치가 되지 않았다. 그것은 나의 수치심이 그만큼 심하다는 의미이기도 하고, 내담자인 나 자신의 치유만으로는 큰 효과를 보기 힘들어서일 것이다. 책에서 수치심은 가족 역동 치료가 중요하다고 했다.

이제 나도 나이가 많이 들어서 더 이상 부모님의 눈치를 보거나 의지하지는 않는다. 대신 선생님을 대리 부모 삼아서 어린 내 자아를 더욱 성장시키려고 노력한다. 선생님은 항상 나를 존중해 주고 지지해 주신다.

나도 상담 과정 동안에 너무 혼란스러워서 뒤로 후퇴하지도 못하고, 그렇다고 앞으로 전진하지도 못하는 시간을 상당히 오랫동안 경험했다. 그 이유는 불안이 심했기 때문이다. 나의 불안은 화상과 부모님의 과잉보호 속에서 극심한 모습을 보였다.

그런데 다행히도 내게는 용기가 있었던 것 같다. 사람이 모두 한 가지씩은 잘난 점을 지니고 태어나지 않나 생각한다. 누군가는 개처럼 짖는 소리를 잘 내고, 또 누군가는 닭 울음소리를 잘 내서 쓰임을 받기도 했다는 고사가 생각난다.

나도 어릴 적부터 용단인지는 몰라도 항상 자신감은 충만했던 것 같다. 그게 심할 때는 독불장군 유형이 되어서 문제였지만 말이다. 용기는 나를 심리상담에 겁 없이 뛰어들게 했고, 계속 앞으로 전진하게 만들었다.

나의 경우에는 머리도 다쳐서 남들과 모습도 다르다고 생각했고, 가정도 가난한 편에 속해서 나 스스로 자수성가를 해야겠다는 다짐을 많이 했었다. 그런 되뇜을 많이 해서 그런지는 몰라도 나는 뭔가를 못 할 거라는 생각을 잘하지 않았다.

때가 되었는지, 나도 사자의 입속으로 머리를 처넣었다. 그랬더니 재밌고 인상적인 일들이 많이 일어났다. 우리는 자신의 마음이 울림을 받을 때는 반드시 그 사건을 따라가 보아야 한다. 물론 때로는 상처 입을 수 있지만, 살아간다는 것은 상처 입는 일이다.

그러나 우리는 재생 능력도 지니고 있어 상처에 좌절하지 않고, 넘어진 자리에서 힘차게 일어나곤 한다. 나도 무수히 넘어진 경험이 많다. 그리고 너무 힘들어 뻗어 있었던 시기도 많았지만, 결국에는 일어섰다.

그랬더니 다시 인생은 부정에서 긍정으로 바뀌었다. 인생에 대한 두려움이 서서히 걷히기 시작했고, 천복의 길이 내 앞에 열렸다. 그렇게 나는 거침없이 인생을 바라보게 되었고, 이 모든 것을 통해서 선생님께 감사한 마음을 갖게 되었다.

깨우침 다섯

천복을 따르리라

무엇이 젊은 것인가? 자아를 재발견해 내는 것이다. 늘 새로운 모험으로 자신을 내모는 사람들, 그들이 젊은 것이다. 왜냐하면 그것이 젊음의 본질이기 때문이다.

- 구본형

프로이트는 일과 사랑만 제대로 해낼 수 있으면 건강한 어른의 삶을 사는 것이라고 했다. 그런데 현대의 문제는 일도 그렇지만 사랑도 잘 해내기가 어려운 환경이다. 사람들이 자라나는 가정환경이 좋지 않기 때문이다.

그래도 가능하다. 사려 깊은 상담가의 정서적 지지와 도움을 받으며 내담자는 자신의 천복에 맞는 일을 찾아가는 모험을 시작한다. 그리고 많은 내담자가 사랑에 대해 혼란스러워하는데 그 점도 많이 교정이 된다.

현대인들은 인간관계로 인해서 많이 고통받고 있다. 심리상담의 큰 이점 중의 하나는 사람 관계로 인한 스트레스가 확연히 줄어든다는 것에 있다. 자신의 테두리가 확실해짐에 따라 사람들과의 관계를 융통성 있게 맺을 수 있게 된다.

자기 자신과의 화해도 이뤄진다. 멋대로 할 때 우리는 잘할 수 있는데, 내담자는 더 이상 외부의 눈치를 보지 않기 때문에 자기 내면의 목소리를 들을 수 있게 된다. 그러면서 자기 확신에 찬 인생을 살아가게 되고, 천복을 향한 여정을 떠나게 된다.

현대에 들어서서 자녀들은 부모와 유착관계가 심해졌다. 부모들은 자녀를 놓아주어야 하는데, 그 끈을 끝까지 놓지 않아서 자녀의 삶을 비참하게 만든다. 그런데 장기간의 심리상담을 받는 많은 내담자가 자기 성격의 기원에 대해 깊이 인식하고, 점점 부모에게서 끈이 끊어지는 경험을 한다.

심리상담에서 종교는 떼려야 뗄 수 없다. 그래서 많은 심리학자가 종교의 중요성에 대해서 많은 연구를 하였다. 대표적인 사람이 칼 융과 스캇 펙이다. 칼 융의 경우에는 목사가 많은 집안 출신이었고, 스캇 펙의 경우는 선불교에 심취하다 첫 책을 쓰고 기독교인이 되었다.

5장에서는 앞에서 쓴 대로 자기 영혼의 반쪽을 수월하게 찾게 되는 일과 자신의 강점이 빛나는 일을 내담자들이 찾게 되는 것에 관해서 이야기한다. 그리고 현대인의 주요 스트레스인 인간관계 문제를 다룬다. 자기 자신 및 부모님과의 화해와 심리상담에서 종교의 문제를 이야기한다.

01
사랑만 해낼 수 있다면

정신 치료에서 사랑은 중요한 주제이다. 왜냐하면, 많은 내담자가 사랑에 대해서 혼란스러워하기 때문이다. 그 이유 또한 간단하다. 어려서부터 가정에서 정상적인 사랑을 받으며 자라지 못했기 때문이다. 그래서 내담자들은 사랑에 대해 왜곡된 생각들을 갖게 되었다.

사랑이란 무엇일까? 정신의학자 스캇 펙은 사랑에 대해 대략 이렇게 정의를 내렸다. 사랑은 자신과 타인의 정신적인 성장을 위해 함께 노력하는 것이다. 사랑하는 사람은 자신을 성장시키기 위해서 노력한다. 그리고 함께하는 연인의 정신적 성장을 위해서도 애를 쓴다.

보통의 사람들은 사랑에는 노력이 따르지 않는다고 생각한다. 사랑이란 그저 한눈에 빠져드는 것쯤으로 생각하기 마련이다. 그런데 진정한 사랑은 그런 게 아니다. 많은 이가 자신은 노력하지 않고 그저 연인이 자기를 위해 희생해 주기만을 바란다.

정신분석을 창시한 프로이트는 사람이 일과 사랑을 제대로 해낼 수 있을 때 건강한 정신을 소유한 것으로 보았다. 우리가 생각하는 것만큼 사랑을 제대로 해내기는 쉽지 않다. 그리고 건강한 사랑은 한번에 되는 게 아니라 무수히 경험하면서 터득하는 것이다.

심리상담을 받게 되면 연애를 하는 것만큼이나 자신의 깊은 내면과 만날 기회가 많다. 상담 과정에서 자신이 기존에 맺어온 연애 관계에 대해서도 살펴볼 수 있기 때문이다. 많은 내담자가 처음에는 연인을 탓하지만, 치료를 잘 받게 된 이들은 결국 자신의 모습을 돌아보게 된다. 내게 '이런 결핍이 있었구나.' 혹은 '나는 이런 사랑을 추구하는 사람이구나.'와 같은 깨달음을 얻게 된다.

'이제 혼자서 살아도 괜찮겠구나.'라는 생각이 드는 사람이 제대로 연애를 할 준비가 되어 있는 사람이라고 한다. 이들은 연인에게 의존할 생각이 없고, 자신의 인생을 자립적으로 이끌 준비가 되어 있기 때문이다. 마찬가지로 심리상담을 받게 되면 독립적인 삶을 마련할 준비가 갖춰지는데, 그렇게 때문에 상담 과정을 잘 거친 사람들은 진짜 사랑을 한번 해 보고 싶은 마음을 갖게 된다.

의존하려는 버릇이 내담자들의 주된 모습이다. 많은 이가 자신을 돌봐줄 사람을 원하지, 자신이 자신의 삶을 이끌어갈 생각을 잘 하지 못한다. 그리고 사랑은 독립된 인격을 가진 두 사람이 함께 성장하는 삶을 살아가는 것이다. 진정한 사랑은 희생하고 의존하는 것이 아니다.

아쉽게도 많은 사람이 여전히 사랑에 대해 신비롭고 왜곡된 생각을 지니고 있다. 그것은 건강한 사랑이 아니기에 그들은 여전히 사랑에 대해 혼란스러워하고 힘들어한다. 그래서 많은 여자가 아이를 낳고 결혼한 지 10년이 지났으면서도 여전히 사랑 타령을 그렇게도 많이 하는 것이다.

자신의 정신세계가 주체적으로 갖춰지지 않으면 건강한 사랑을 할 수 없다. 이들은 서로에게 의존하게 되고, 한쪽은 희생하고 다른 쪽은 지배하는 모습의 사랑을 하게 된다. 우리가 부모 세대에게서 그렇게도 많이 보게 되는 사랑의 모습을, 우리가 깨닫지 못한다면 그 모습을 반복하게 될 수밖에 없다.

다행히 자신의 내면을 관찰하고, 상담가의 도움으로 자신의 사랑을 객관화해서 보게 된 내담자는 자신을 챙겨줄 이성을 찾는 게 아니라, 서로 함께하되 같은 곳을 바라보는 사랑을 하게 된다. 심리상담이 많은 여성 내담자에게 유익한 지점이 바로 이 지점이다.

관계에 민감하고 관심이 많은 여성들은 그녀들의 인생에서 결혼이 행복에 끼치는 영향력이 생각보다 높다. 그녀들의 인생에서 어떤 남자와 함께하느냐는 관계 민감도가 높은 여자들에게 매우 중요하다. 다행히 많은 여성 내담자는 자신과 더욱 잘 맞는 이성과 만날 가능성을 높여 간다.

반대로 남성 내담자들도 자기 부모님의 모습을 반면교사 삼아, 자신에게 결핍되었던 모습을 깨닫게 되어 이전보다 지혜로운 사랑을 하게 된다. 현대의 많은 남성이 지배적인 어머니 밑에서 자라게 되어 남성성을 크게 키울 수 없는데, 심리상담은 그 점을 교정해 준다.

결국 상담 과정을 잘 거쳐 온 내담자들은 이제 사랑할 준비가 되어 있다. 우리를 속이고 기만하는 사랑이 아니라 진짜 자기다운 사랑을 하게 된다. 이들은 상대를 탓하기에 앞서서 환경을 둘러보고 언제든 자신을 객관화하기에 그 사랑이 아름다워진다.

02
강점을 발휘하는 일

대부분의 사람은 현재 자신이 하는 일을 좋아하지도, 잘하지도 못한다. 그리고 마찬가지로 대부분은 자신의 인생에서 직업이 차지하는 비중을 간과한다. 우리가 깨어있는 시간의 3분의 2를 직장에서 보내는 데도 많은 사람이 직업을 대충 생각한다. 그리고 지레 한탄하고 포기한다.

우리는 자신이 하고 싶고, 잘하는 일을 하며 살아가야 한다. 인생은 길다면 길고 짧다면 짧은 시간이다. 허구한 세월을 살아가야 하는데 즐기지도, 그렇다고 유능하게 해내지도 못하는 일을 하며 탄식만 하며 살아간다는 것만큼의 낭비도 없다.

좋은 남자의 조건에 관한 글을 읽었는데, 거기에는 성격적으로 자신의 행동을 되돌아볼 줄 아는 남자가 포함됐다. 그리고 인상 깊었던 게 자신이 잘하는 일로 먹고사는 남자가 포함되어 있었다. 즉, 자신의 강점으로 즐기는 일을 하는 남자가 좋은 남자의 조건에 속해 있었다.

자신의 강점은 어떻게 알 수 있을까? 책에는 1년 후 자신이 잘했던 일을 되돌아보는 피드백 분석이 나와 있었고, 성격 유형 검사를 통해 자신의 강점을 찾아가는 방법도 있었다. 그것보다 많은 이가 추천하는 것이 자신이 하고 싶은 게 생기면 주저하지 말고 해 보라는 것이다. 그 과정을 통해서 자신에 대해 잘 알아갈 수 있다.

남자의 70%는 일을 중요시하고, 여자의 70%는 사랑을 더 중시한다는 말이 있다. 남자들은 자신이 하는 일을 즐기지 못하면 자부심을 쌓을 수 없고, 그것은 자기 존재감과도 크게 연결된다. 따라서 자신이 잘하는 일을 찾아서 그런 삶을 사는 것은 대부분의 남자에게 매우 중요하다.

일의 고단함을 이야기한 것에는 신화 속의 내용도 있다. 시시포스 신화가 바로 그것을 이야기한다. 시시포스는 매일 힘들게 바위를 산 정상에 올려놓아야 한다. 그런데 다음 날이면 바위는 산 아래에 떨어져 있다. 이 반복 행위를 매일 해야 하는 것이 시시포스에게 내려진 형벌이다.

우리도 마찬가지다. 매일 힘들게 직장에 출근해야 한다. 그걸 즐기는 직장인은 거의 없다. 왜 우리 삶이 이렇게 되었을까? 혹자는 "인생이란 그런 법이다. 모두 그런 삶을 사는데 어쩌라는 것이냐?"라고 반문할 수 있다. 그런데 그건 진실이 아니다. 왜냐하면, 자신의 일을 즐기면서 살아가는 사람을 우리는 현실에서 많이 만날 수 있기 때문이다.

신화학자 조지프 캠벨은 말한다. "자신이 좋아하는 일이 있으면 그것을 하라. 그러면 그 일이 자신의 인생을 이끌고 간다. 그런 사람은 천복의 벌판에서 살아가는 사람들을 만나게 된다. 그러면 그 사람들이 우리 삶의 문을 열어 준다." 그렇다. 우리가 자신이 즐기는 일을 하지 못하는 이유는 바로 용기가 부족하기 때문이다.

심리상담에 참여한 내담자들은 용기 있는 사람들이라고 말했다. 이들은 언제까지고 자신의 지루하고 나태한 일상에 대해 책임감 없는 태도로 삶에 임하지 않는다. 이들은 도전하고 변화된다. 그러면 이들을 방해하고 놓아주지 않던 삶이 확연히 달라진다. 바로 삶의 기쁨을 찾은 것이다.

또한, 변화경영 사상가 구본형도 이와 같이 말하고 있다. "성공에 대한 절대적인 기준은 없다. 내가 생각하는 성공의 유일한 기준은 자기답게 사는 것이다." 자기답다는 것이 무슨 말일까? 그도 마흔 중반까지 조직 속에서 직장인으로 지내다 어느 날 마음 속 깊은 곳으로부터 '글을 써라.'라는 천복의 울림을 받는다. 그 후 그는 글을 쓰고 작가가 되었다.

비슷한 것은 가짜다. 껍데기를 버려야 한다. 인생의 길에서 누군가가 걸어간 길이 있으면 그 길은 자신의 길이 될 수 없다. 천복의 삶을 살아가는데 우리 앞길을 막고 있는 것은 바로 두려움이다. '내가 어떻게 그걸 할 수 있을까?', '나는 아무개가 하는 일을 절대로 할 수 없을 거야.' 이런 생각이 우리 마음속에 있는 두려움의 실체다.

다행히 심리상담에 참여한 많은 수의 내담자는 인생이란 원래 모험이란 것을 받아들인다. 안정이란 것은 개념적 용어이고, 실제 우리의 삶은 변화하는 것이고 불안정한 것이란 것을 이해하게 된다. 그래서 이들은 더 이상 삶을 정지한 채로 보내지 않는다. 항구에 정박해 있는 것이 배의 목적이 아니란 것을 이들은 결국 깨닫는다.

03
넓은 인간관계의 마당

많은 신화에서 이야기하는 것이 있다. 우리는 자아의 관념에 갇혀 세상을 제대로 보고 있지 못한다는 것이다. 그러니 자아의 관념을 없애라. 그러면 세상은 원래 있는 그대로 완벽했다는 것을 알 수 있게 된다. 이것이 곧 그토록 많은 이가 찾아 헤매는 깨달음이라는 것이다.

인생에서 우리를 그렇게도 괴롭히는 게 바로 인간관계다. 한국은 그 정도가 심해서 고맥락 인간관계의 사회다. 그 속에서 우리는 오늘도 심한 스트레스를 받게 된다. 서점에 가 봐도 이 주제와 관련해서 많은 책이 출간된 것을 확인할 수 있다.

왜 우리는 인간관계로부터 괴로워하게 되는 것일까? 그것은 먼저 자신이 자기와의 관계가 적절히 맺어져 있지 않기 때문이다. 그러니까 자신이 자기를 보는 눈이 정확하고 투명하지 않다는 것이다.

많은 수의 한국인이 남을 닮으려 한다. 자기 자신이 되는 게 인생의 성공이지만, 그들은 자신과 관계 맺는 것을 두려워한다. 그래서 자신이 어떻게 생긴 사람인지, 그리고 자기가 원하는 삶의 모습은 어떤 것인지 생각하길 회피한다.

자기 자신에 대한 이해가 선행되어야 인간관계가 원활해질 수 있다. 사람은 생각보다 타고난 생김새라던가, 삶을 살아가는 방식 그리고 관계 맺는 방법이 다양하다. 그것을 이해하지 못하고 있기 때문에 인간관계에서 많은 혼란이 빚어지는 것이다.

어려서 혼자서 살던 버릇이 길러진 사람은 관계를 많이 맺기보다는 혼자 걸릴 것 없이 자유롭게 살아가는 게 좋다. 이런 사람이 남들은 어떻게 살아가는지 살펴보고, 그처럼 닮으려고 할 때 삶의 비극이 시작되고, 그 사람의 인간관계가 어려워진다.

마찬가지로 많은 사람 속에서 에너지가 돌고 활력이 샘솟는 유형의 사람이 있다. 이들은 자신이 타고나고 생긴 대로 살아가면 되는 것이다. 한국 사회의 문제점인 다른 사람과 비슷하게 삶을 살아가려 하니 갈등이 야기되는 것이다. 삶에 좋은 것만 지닌 것은 없다. 그렇다고 나쁜 법만도 없다. 우리는 그저 자신이 살아지는 대로 살아가면 그만인 것이다.

흔히 심리상담에 내담자로 오는 사람들은 대부분 인간관계 문제로 괴로워한다. 더구나 이들은 피학적 유형의 사람들이 많다. 그러니까 착한 사람 증후군(Good boy syndrome)에 걸려 있는 게 대부분이다. 이들에게 효과가 있는 방법은 이거다. 자신이 편한 친구와 있을 때처럼 다른 사람에게 행동하면 된다. 사회생활에서 만나는 사람 외에는 자신의 관계는 자신이 결정하면 된다.

또한, 상담 과정이 진척되면서 내담자들은 더욱더 좋은 모습을 나타낸다. 이전에는 관계 범위가 좁았다면 이제는 사람을 가리지 않고 대응할 수 있는 유연성이 길러진다. 하나님은 선한 사람이나 악한 사람 모두에게 비를 내려 준다. 이들도 마찬가지인 것이, 이제는 선과 악으로 사람을 나누지 않고 모든 사람을 구별 없이 대한다.

하수는 사람을 선과 악으로 구분하고, 중수는 하수와 고수로 나누고, 진정한 고수는 구별이 없는 상태이다. 심리상담에 열심히 참여함으로써 이들은 인간관계에 대한 스트레스가 이전에 비해 확연히 줄어든 자신과 만나게 된다. 이것은 외부 상황이 변한 것이 아니라, 자신의 마음가짐이 달라졌기 때문이다.

04
네 멋대로 살아라

"멋대로 하라. 그러면 안 되는 일이 없다."라고 철학자 최진석은 노자 속 한 구절을 이렇게 해석한다. 우리는 그동안 한국 사회가 옭아맨 가치 속에서 자신을 괴롭히며 살았다. 이제는 그런 자신을 해방시켜 주어야 한다.

심리상담을 받게 되면 처음에 내담자들은 자신에 대해 매우 불안해한다. 더욱이 그럴 수밖에 없는 것이, 현대의 부모들이 자녀들의 삶을 대신 살아 주고 있기도 해서다. 자녀 스스로 선택해서 실패도 하고, 삶을 돌아가기도 하면서 인생을 살아가는 방도를 깨달아야 할 텐데 한국의 부모들은 자녀 인생을 저당 잡았다.

다행히 상담가 선생님의 지지와 공감 속에서 자신의 가치에 대해 자신감이 없던 내담자들도 자신을 믿게 되는 경험을 한다. 그러면서 내면에서부터 조금씩 확신이 생기게 된다. '이렇게 내가 원하는 대로 해 봐도 되는구나.', '실패한다고 해서 그게 나쁜 게 아니구나.'라는 점들을 깨닫게 된다.

우리는 인생을 어떻게 조작할 수도 없고, 누군가를 닮은 채로 살아갈 수도 없다. 사람들이 살아가는 모습을 유심히 관찰해 보면 일관된 것을 발견할 수 있다. 특히 유명인의 어렸을 적 모습을 살펴보면 그들이 성장해서 왜 그런 사람이 될 수밖에 없었는지를 확연히 이해하게 된다.

어려서 자유분방함 속에서 자란 아이는 커서도 그런 모습을 나타낸다. 어려서 모범적인 모습으로 자라온 아이는 커서도 반듯한 유형의 사람이 되어 있다. 자기 자신에 대해서 잘 알고 싶은가? 그렇다면, 어렸을 적 자신의 모습에 대해 한번 되돌아보라. 자신이 누구인지, 어떻게 살아가는 것이 좋을지 금세 이해할 수 있다.

심리상담을 오래 받게 되면 이렇게 자신에 대해 잘 알게 된다. 이 점이 심리상담의 유익한 점이기도 하다. 왜냐하면, 보통 사람들은 '나는 누구인가?'라는 질문에 대답하길 곤혹스러워한다. 그러나 상담 과정에 참여한 내담자들은 자신에 대한 욕심을 내려놓게 되면서 삶을 단순하게 볼 수 있게 된다.

열린 생각과 맑은 마음이 건강한 정신의 핵심이기도 한데, 상담을 오래 받은 내담자들은 그렇게 편견 없이 자신의 생각을 이해하게 되고, 투명하게 자신에 대해서도 살펴볼 수 있다. 사람이 결정을 내릴 수 없어 헷갈릴 때, 결국 옳은 결정은 욕심을 비우고 선택하는 것이 나중에 바른 결정이었음을 알게 될 때가 많다.

자기 자신과 화해하게 된 많은 내담자가 이제 한 발 더 나아가 삶을 당차게 살아간다. 말 그대로 두려움 없이 닥치는 대로 살아가게 된다. 이들이 그럴 수 있는 건, 자기 자신에 대한 이해도가 높아졌을 뿐 아니라, 자아 강도가 높아져, 실수나 실패에 대해 유연하게 반응할 수 있게 되었기 때문이다.

성공한 인물들을 유심히 지켜보면, 이들이 특별히 뛰어난 재능을 타고나서 성공한 것이 아니라, 두려움 없는 태도로 인생을 살아갔기 때문이란 것을 알 수 있다. 심리상담이 내담자들에게 줄 수 있는 이점이 바로 그 부분이다. 이들은 이제 세계를 겁내지 않고, 기꺼이 삶에 뛰어들어 살아있음의 황홀감을 체험한다.

삶은 얻어야 할 무엇이 아니라 자신이 살아있는 걸 그때마다 경험하는 것이다. 이것은 모든 현자가 이야기하는 점이다. 무엇이 되기 위해 살지 말라. 그것은 고통을 가져다준다. 바로 이 순간 자신이 하는 일 자체에 몰두하라. 그러면 당신은 깨달음 속에서 살고 있는 자신과 만나게 될 것이다.

그렇게 되면 이제 내담자들은 한 명의 어린아이가 된다. 이들은 무엇이 되어야 하는 것도 없고, 그저 자신의 발길이 닿는 대로 길을 걷는다. 매 순간 인생이 놀이가 되고, 얼굴에는 웃음이 가득하다. "내가 걷고 있는 발걸음을 보라. 자신의 목표에 다가선 자는 춤을 춘다."라고 니체가 말했다.

05
부모님과의 화해

자기 에너지를 자신에게만 쏟을 수 있게 되면서 내담자는 이제 당당한 한 명의 어른이 되어 간다. 더 이상 누군가의 자녀로 불리지 않고, 자신이 그 누군가가 된다. 자기 자신과 맞설 수 있게 되었으므로, 이제 내담자는 세계와도 화해하게 된다. 그 첫 번째 대상이 바로 부모이다.

신화 속에 이런 이야기가 있다. 어떤 현자가 매년 어느 어머니에게 찾아와 가장 소중한 물건을 달라고 한다. 그 이유는 결국 그녀가 마지막에 내어놓아야 하는 게 자신의 자녀이기 때문이다.

현대 사회에 들어서서 부모와 자녀 간의 유착 관계가 심화하였다. 그래서 부모들은 당연하다는 듯이 자녀의 인생에 개입하고 잔소리를 한다. 정신 의학에 이런 말이 있다. "사람의 정신이 병드는 큰 이유는 부모가 간섭을 하고, 자립심을 키워 주지 않기 때문이다."

더구나 아버지들이 사회생활로 바빠, 가정에서는 어머니가 주된 역할을 하게 되었다. 그렇게 지배적인 어머니들이 나타나게 된다. 그녀들은 자신의 삶에 만족하지 못하고, 자녀를 배우자 대신 볼모로 삼아 키운다. 여기서 문제는 이 자녀에게 끔찍한 일이 벌어진다는 것이다.

사람이란 무엇일까? 자기 인생을 자신이 선택하고 책임지면 사람 몫을 하고 사는 것이다. 그런데 이와 같은 가정환경에서 자란 아이들은, 선택 장애에 빠져 결정을 내려야 할 때 끊임없이 불안해한다. 그래서 어떠한 일도 착수할 수 없게 돼, 극단적으로는 사회 부적응자가 되기 쉽다.

심리상담에 내담자로 오는 사람 중에도 이런 유형이 많다. 이들은 부모와 탯줄이 끊어지지 못하고, 끈질기게 붙어 있다. 어려서는 부모가 끊어내지 못했고, 성인이 되어서는 이들 스스로 극도의 두려움에 사로잡혀서 끊어내지 못하는 상황이다.

이들이 상담 과정에서 이 사실을 깨닫게 되면, 극심한 분노를 부모에게 내비친다. 그래서 자신의 인생이 망가진 게 모두 부모 때문이라는 결론에 도달한다. 그런데 문제는 이 사실을 깨닫게 되어도 그들의 인생이 쉽게 변화되지 않는다는 점이다.

심리상담에는 많은 시간이 필요하다. 혹자는 혼자서 책을 읽으며 자신을 관찰하고 이해하는 것만으로도 충분한데 굳이 시간과 돈을 들여서 그 과정에 참여할 이유가 있냐고 묻곤 한다. 물론 증세가 가벼운 사람은 혼자만의 노력으로 가능하나, 많은 수의 사람은 자기 생각 속의 나래에 자신이 빠져버리게 되므로, 그것을 관찰해 주는 사람이 필요하다.

이들도 어느 정도 시간이 지나면 더 이상 부모님만을 탓하지 않게 된다. 부모님도 부모 세대로부터 잘 양육되지 못해서 그런 태도를 지니게 되었다는 것을 이해한다. 그리고 자신에게 심리적으로 영향을 준 것이 모두 부모님만의 잘못이 아니라는 것도 깨닫게 된다.

인생은 간단한 사실과 정답이 존재하는 것이 아니라 수많은 인과관계가 얽혀 있는 것이다. 상담 과정에 깊이 참여한 내담자는 이 진리를 깨닫게 된다. 그럼으로써 부모님만의 문제로 보였던 것이, 사실은 자신에게도 책임이 있었다는 점을 알게 된다.

인생은 생각보다 자기 자신이 주도권을 행사할 수 있는 영역이 많다. 모든 것을 부모님 탓으로만 돌리는 것은 세상을 보는 눈이 좁은 것이다. 누군가는 "최소한 스무 살만 되어도 집을 나가 혼자서 살아라."라고 이야기한다. 이 말이 일리가 있는 이유는 부모님에게서 탯줄을 끊어내지 못하는 많은 사람이 여전히 그 나이가 지나서도, 스스로 부모님에게 달라붙어 있다는 사실 때문이다.

스무 살 성인이 되면 자기 인생은 스스로 책임져야 함이 옳다. 서양 격언에는 그 나이가 더 많다고 들은 것 같은데, 여기서 하고 싶은 말은 자신이 스스로 선택하고 결정했다는 마음을 지녀야, 더 이상 부모나 세상을 탓하지 않게 된다는 것이다.

다행히 상담가의 사려 깊은 치료 속에서 많은 내담자는 자기 선택권이란 개념을 마음속 깊이 깨닫는다. 이때부터 사람들은 부모님도 한 명의 불완전한 인간이었음을 이해하고, 부모님도 이제는 나이가 많이 들어 가고 있다는 점을 발견하게 된다.

06
신이 있다는 걸 안다

분석심리학을 창시하고 만년까지도 유명했던 칼 융은 죽기 몇 년 전에 영국의 BBC 방송과 인터뷰를 한다. 거기서 진행자가 "박사님의 저작을 보면 종교적인 흔적이 많이 발견됩니다. 박사님은 신을 믿으십니까?"라고 질문했다. 이에 칼 융이 대답한다. "어떠한 것이 확실하지 않을 때 '믿는다.'라는 표현을 씁니다. 저는 신이 있다는 걸 압니다."

많은 심리학자가 심리상담과 종교의 관련성에 대해 많은 연구를 했다. 현실적인 학자들은 연관성을 배제했고, 영적인 학자들은 깊은 관련이 있다고 의견을 밝혔다. 정신의학자 스캇 펙과 분석심리학자 칼 융은 후자에 속한다.

또 이런 이야기가 있다. 어느 날 알코올중독 증세를 끊어내지 못한 내담자가 칼 융을 찾아온다. 그는 벌써 많은 치료자를 찾아갔으나 치료가 되지 않았다. 그 내담자에게 칼 융이 이렇게 말한다. "자주 있는 일은 아니나, 간혹 종교에 귀의하고 치료되는 사람을 몇 번 본 적이 있습니다."

스캇 펙은 종교 4단계 설을 이야기한다. 1단계는 혼란하고 무질서한 상태다. 2단계는 엄격한 규율을 따르는 종교인의 상태다. 3단계는 꽤 똑똑한 상태를 사는 무신론자의 상태다. 4단계는 영성이 깊은 예수와 같은 종교인의 상태다.

종교 이야기를 많이 꺼내놓는 것은 종교의 기능과 심리상담의 목적이 비슷하기 때문이다. 종교를 믿으면 보다 맑고 성숙한 인격을 지닌 사람이 되어 간다. 심리상담에 내담자로 참여한 사람들도 마찬가지다. 그들도 마음이 투명해지고 자아 통합이 보다 잘 이뤄진다.

그렇다고 해서 모든 종교인이 정신이 건강하다는 걸 말하는 것은 아니다. 스캇 펙이 말한 2단계의 종교인은 3단계에 위치한 무신론자보다 정신적 성숙이 덜하기 때문이다. 스캇 펙이 쓴 『아직도 가야 할 길』의 책 제목이 의미하는 바도, 우리가 낮은 단계에 머물지 말고, 계속 더 높은 위치로 올라설 것을 이야기하는 것이다.

서양에 기독교가 있다면, 동양에는 불교가 존재한다. 그중에 선종이라 불리는 선불교가 있다. 중국에서 한때 왕성했는데 거기에 보면 무수한 지혜로 넘치는 이야기가 많이 나온다. 달마 대사부터 혜능, 조주, 마조, 임제 등이 나온다.

이들 선종의 대가들은 신이 있다는 걸 넘어선다. 그 정도가 어느 정도냐면, 부처를 만나면 부처를 죽이고, 조사를 만나면 조사를 죽이고, 부모를 만나면 부모를 죽이고, 만나는 모든 대상을 죽이라고 한다. 임제 선사가 한 말이다.

이 말인즉슨, 바깥에서 깨달음을 구하지 말라는 거다. 우리는 태어날 때 이미 깨달은 상태로 태어난다. 그러니 견성이니, 성불이니 하며 도를 닦으려고 들 필요가 없다. 다만, 살아가다 보면 거울에도 먼지가 끼니 그걸 닦아줄 필요는 있다.

물론 이 세계와 자연을 다스리는 신의 손길은 있을 수 있다. 다만, 여기서 하고 싶은 이야기는 남의 말이나 책 속에 빠져서 그 속에서만 지혜를 얻으려고 할 것이 아니라, 여기 지금 이 순간 존재하는 신비와 만나라는 것이다. 지금, 여기에 모든 것이 있다.

심리상담에 참여한 내담자는 종교를 믿고 있을 수도 있고, 무신론자일 수도 있다. 그런데 스캇 펙이 말하길 자신이 경험한 바에 의하면, 심리상담에 열심히 참여한 종교인은 나중에 무신론자와 같은 상태가 되고, 반대로 무신론자는 상담 과정을 잘 마치고 나면 종교인처럼 된다고 한다.

결국 중요한 것은 종교를 믿느냐, 마느냐가 아니다. 우리는 자신의 정신적 성숙을 끊임없이 끌어올리는 것이 보다 중요하다. 칼 융은 자아실현의 길을 갈 것을 주문했고, 프로이트는 무의식을 의식화시키는 것이 필요하다고 말했다. 니체도 자신을 끊임없이 잃어버림으로써 진정한 자신이 될 수 있다고 했다. 인생은 끊임없는 변화이고, 여기에 의문을 달기는 어렵다.

나에게도 일어났던 일 ❺

나의 사랑 경험도 강렬하다. 20대 후반에 만났던 친구는 사람을 잘 믿지 않았다. 그 친구와의 관계 속에서 나는 많은 것을 배웠다. 당시에는 임상심리학에 관심이 많았을 때라 사람의 성격 유형에 대한 배움을 터득하고 있었다.

그리고 30대 초반에 회사에서 알게 된 친구는 그 누구보다 제멋대로 행동하는 편이었다. 이 친구와 만날 때 나는 마초적인 연애를 꿈꿔, 평소의 나답지 않게 모든 것을 내어 주는 연애를 했다. 남자다운 내가 되고 싶었는데, 실제로 잘 되지는 않은 것 같다.

이제는 안다. 남자답다는 게 꼭 외형적인 모습이어야만 하는 게 아니라는 것을 말이다. 정말 남자다운 남자는 자신을 극복한다. 그래서 그들은 처음에 연인을 고를 때는 꽤 신경을 쓰지만, 그다음부터는 꽤 확고한 모습을 보인다.

나는 연애가 잘 되지 않는 편이었다. 수줍음이 많은 게 그 원인이었다. 이성 앞에만 서면 부끄러움이 가득했다. 그런데 두 친구는 동갑이라는 특성 때문인지 쉽게 가까워졌다. 그리고 내가 표현은 그렇게 했지만, 나도 꽤 용기가 있는 남자다.

내가 연애에 대해 많이 배운 책은 일명 '화성남 금성여'로 유명한 존 그레이(John Gray, 1951~)의 『사랑의 완성』이라는 책과 딴지총수로 유명한 김어준의 『건투를 빈다』라는 책이다. 특히 후자의 책에 영향을 많이 받아 오로지 정면으로, 직선과 액면가로 연애하는 것에 심취했다.

그의 연애관이 인상적인 것은 자신을 속이지 않고 남에게 사기를 치지 않는다는 것이다. 즉, 그는 자신이 가진 것만 가지고 연애할 것을 주문한다. 나는 어차피 나 외에 다른 사람이 될 수 없고, 남처럼 할 때는 연기가 되어 결국 부자연스러워지기 때문이다.

선생님과 상담을 하며 연애와 사랑 이야기도 무척 많이 했다. 한때 나는 꽤 충동적인 편이라 마음이 동하면 모든 걸 행동으로 옮겼다. 그때는 꼭 그래야 할 것만 같아서 했는데, 나중에 돌아보면 그게 꼭 적절하지는 않은 경우가 많았다.

한 번은 서점에서 마음이 가서 말을 걸어서 한동안 친구가 된 사람도 있었고, 노량진 고시촌에서 길을 가다가 마음에 들어 말을 걸어서 잠깐 만난 꽤 연하의 여자아이도 있었다. 그때의 나는 마음이 시키면 하는 게 옳다고 생각하고 살았다.

이제는 내 정신이 안정되면서 또 선생님의 변함없는 배려 속에 나의 있는 그대로의 모습과 만나게 됐다. 그래서 '이제는 혼자서 살아도 되겠구나.'라는 생각도 들고 누군가에게 의존하는 연애는 하고 싶지 않다.

좋아하는 일에 대한 나의 관심은 대학 때로 거슬러 올라간다. 나는 대학에 입학하며 집이 가난하니 빨리 법학 자격증인 법무사 시험에 합격해서 안정적으로 살고 싶었다. 머리도 다쳤으니 법무사 일이 제격일 것 같았다.

그런데 대학 때 우연히 학교 고시반을 알게 되고, 그때 사법시험으로 내 목표를 수정했다. 지금 생각하면 매우 과분한 일이었지만, 그때는 나는 꿈이 워낙 컸고, 나의 열등감에 비례해서 최고로 훌륭한 판사가 되고 싶었다.

물론 지금은 허황한 꿈인 것을 안다. 하지만 그때 나의 열망은 매우 높았다. 한때는 또 공익변호사가 되고 싶었는데 시험공부가 잘 되지 않아서 모두 포기했다. 그러고 나서는 구본형 선생님이 운영하던 자기경영 프로그램에 참여해 광고 전문가가 되는 꿈을 꿨었다.

모두 잘 되지 않았고, 심리상담가를 하고 싶은 꿈만은 지금도 유지하고 있다. 첫 취업을 영업 파트로 할 줄은 전혀 예상하지도 못했다. 게다가 내가 맡은 업무는 전화로 판매를 하는 텔레마케팅이었다. 지금 돌아보면 머리 콤플렉스가 있어서 사람과의 만남을 부담스러워하던 내게는 최적의 일이었다.

나는 불안과 걱정이 심한 성격이어서 미래 직업에 대한 고민을 젊어서부터 무척이나 심각하게 오랫동안 했다. "청춘은 고뇌하는 것이니까. 방황이 젊음의 본질이므로."라는 말처럼 나도 청춘의 시기를 꽤 열망으로 앓았다.

그동안 살아오면서 내게 유일한 장점이자 도움이 되었던 활동은 책을 읽는 것이었다. 내 표현으로는 한때 나는 5년 동안 손에서 책을 놓은 적이 없었을 정도로 독서에 심취했었다. 첫 취업을 하고 일이 잘된 것도 모두 독서의 효과였던 것 같다.

지금은 글을 쓰는 것에 관심이 많아서 작가의 꿈도 꾸고 있다. 아직 작가라고 불리기보다는 그냥 내가 관심 있어 하는 '심리치료' 분야에 관한 글을 쓰는 사람으로 불리면 만족한다. 그리고 나는 행복한 삶에 대해 관심이 많아, 행복한 삶의 운동가라는 직업적 비전도 생각하고 있다.

나의 강점은 자기 성찰 능력이 좋은 게 그나마 유일한 것 같다. 나는 그동안 혼자서 나를 되돌아보며 생각하는 걸 즐겼다. 전혀 의도하지 않았는데도 저절로 그런 특성이 발휘되는 것 같았다. 이것 때문에 내가 그렇게도 "철학, 철학." 하는지도 모르겠다.

한때는 철학자가 되고 싶기도 했지만, 내 능력의 한계를 깨닫고는 포기했다. 그렇다고 해서 완전히 포기한 것은 아니다. 철학이 대단한 것이 아니라는 것을 알았기 때문이다. 우리의 일상생활을 좀 더 유익하고 일관되게 살아가게끔 하는 게 철학이라고 생각하기에 그렇다.

그런 나는 심리치료에 관심이 많다. 이는 내가 실제로 지난 10년 동안 선생님과 심리상담에 내담자로 참여하며, 내가 인상 깊게 경험한 것이 심리치료이기 때문이다. 그래서 나는 미래에 심리치료에 관해 글을 쓰는 작가로서의 직업적 비전을 갖고 있다.

솔직히 말해서 나는 지금 가장 나답다. 내가 좋아하는 심리치료와 관련해서 글을 쓰는 지금 내 모습이 가장 즐겁고 기분이 좋다. 무엇이 되기 위해서 하는 작업이 아니라, 그저 내 기쁨을 따르고 있는 느낌이고, 천복을 다하는 작업 같이 느껴지기 때문이다.

심리상담을 받고 시간이 흘러 4년 정도 교회를 다녔다.

처음에는 스캇 펙의 책을 읽고 종교에 흥미가 생겨서 다니고 싶다는 마음도 있었고, 선배가 내게 신약 성경을 한번 읽어 보면 좋겠다고 말했던 일과 아는 형이 내게 교회에 다녀 볼 것을 권유했던 일도 이유가 되었다. 그러나 무엇보다도 나 스스로 생각한 가장 큰 이유는 사람을 만나 보는 경험을 할 수 있어서였다.

그런 다양한 이유를 갖고 교회를 나갔다. 교회를 처음 온 나를 여자지기들은 매우 친근하게 잘 챙겨줬다. 그리고 금방 교회에 아는 형이 생기고, 누나들도 생겨 금세 교회에 적응했다. 생각보다 교회에 다니는 재미가 컸다.

시간이 지나자 아는 동생들도 생기고, 동기들도 생겼다. 함께 이야기를 나누고, 교회 모임을 하는 것에 흥미가 높았다. 그때는 다들 사람들이 좋아서 정말 재밌게 잘 지냈다. 지금은 결혼도 하고, 나도 교회를 그만 나가게 돼서 연락이 뜸한 편이다.

관계는 내게 약점이다. 나는 어릴 적부터 혼자서 주로 지내고 자라서인지 혼자 활동하고 살아가는 게 편하다. 이런 내게 많은 사람 속에서 어울리며 지내는 것은 전혀 흥미로운 시간이 되지 못한다.

한때는 독서 모임에도 나가보고 재밌게 활동하던 시절도 있었다. 그리고 몇몇 모임에 나가봤는데 이를 통해서 사람은 내게 큰 흥미가 아니란 것을 알게 되었다. 그렇다고 내가 일부러 사람을 피해 다니는 것은 아니다.

최근 법정 스님의 『홀로 사는 즐거움』이란 책을 읽고 깊은 인상을 받았다. 그분은 스님이기 때문에 강원도 외딴 오두막에서 홀로 지내는 것이 부담스럽지 않지만, 나의 경우는 다르다. 그렇다고 내가 활발하게 사람과 교류를 원한다는 것은 아니다.

법정 스님의 책을 읽고, '나도 어쩌면 그분과 비슷한 정서와 성격을 지니지 않았나.' 오래 고심해서 생각해 봤다. 그랬더니 내 마음이 편해졌다. 나는 많은 사람과의 어울림보다는 지금처럼 이렇게 홀로 생각하며 사유를 펼쳐내는 것에서 훨씬 더 흥미로움을 느끼는 편이다.

신화 책을 보면 "성격 분화가 잘된 사람들은 넓은 관계의 마당으로 나온다."라는 표현이 있다. 사람들이 상처를 극복하고 나면, 자기 자신과 화해를 하게 되고, 세상과 화해하게 되므로 보다 원활하게 사람과 세상과 맞물려 돌아가게 된다.

나도 한때는 인간관계로 매우 괴로워했다. 더욱이 예민한 성격인 나는 그 정도가 상당했다. 그런데 이제는 내가 누구인지, 어떻게 살아가는 게 나다운 것인지 정리가 되어 인간관계를 크게 부담스러워하지 않게 됐다.

그리고 처음에는 나도 사람을 선한 사람과 악한 사람으로 사람을 나눴고, 그다음에는 수준 낮은 사람과 높은 사람으로 구분했다면, 이제는 되도록 모든 사람을 동등하게 대하려 한다. 물론 성격이 아주 나와 맞지 않거나 고약한 사람은 피하려 한다.

"자기에 대한 무한 신뢰, 자기에 대한 무한 사랑."이라는 말을 나는 아주 좋아한다. 양주란 철학자가 있었는데 그는 "나의 정강이 털 한 올을 뽑아 천하가 이로워진다고 하더라도 나는 털을 뽑지 않겠다."라는 말을 남겼다.

사람이 자신을 사랑하려면 이 정도가 되어야 한다고 했다. 나는 그것보다는 멋대로 하는 것에 관심이 많다. 그동안 우리라는 가치 속에서 나를 희생한 적이 많아서일 것이다. 그런데 이제는 나를 있는 그대로 놓아 주고 싶어졌다.

나는 자신감이 많이 없던 부류의 사람이었다. 다행히 선생님과의 장기간의 심리상담은 나의 존재감을 높여 주었다. 예전에는 할까, 말까로 무척 오랜 시간 동안 고민을 하는 햄릿 부류의 사람이었다면, 이제는 그 고민이 오래가지 않는다.

한때 성공한 사람을 분석하다가 깨달은 것이 있는데 무엇이냐면, 그들은 어릴 때도 성공하고 난 후의 성격이나 모습과 비슷하다는 것을 알게 되었다. 그래서 나도 이제는 다른 누군가가 되려고 하지 않고, 내가 될 수밖에 없는 내가 되려고 한다.

그랬더니 내 마음이 무척 편해졌다. 나는 어려서 형들과 함께 노는 것을 좋아했고, 청소년 시절에는 혼자 있는 걸 즐겼다. 지금 성격은 내향적인 편이고, 직관적이며, 남에게 양보하고 배려하는 것을 선호한다.

한때 나는 무척 계획을 세우는 사람이었다. 미래가 너무 불안하고 겁이 났기 때문이다. 그런데 이제는 지금 이 순간에 내가 느끼고 경험해야 할 것을 체험하며 사는 것을 선호한다. 비록 그것이 고통이라는 결과를 가져다줄지라도 나는 그때 나의 떨림에 따라서 선택한다.

나 자신을 믿게 되니 내 마음을 따를 수도 있게 됐다. 그리고 사회의 목소리, 타인의 시선은 언제나 후순위로 밀려났다. 나는 내 운명을 살 것이다. 그것이 내게 주어진 것이기 때문이다. 이런 생각은 나를 항상 젊게 느끼고 도전적으로 만들었다.

니체의 책을 읽다 보면 누구나 들어봤음직한 이야기가 나온다. 바로 낙타와 사자 그리고 어린아이의 이야기다. 나도 대학 때까지는 꽤 고된 짐을 지고 걸어가야 하는 삶을 살았다. 그런데 사자의 입에 머리를 처박자 삶이 꽤 흥미진진해졌다. 그리고 지금은 어린아이처럼 내 안의 생명력을 끌어내는 삶에 도전한다.

나 자신과 화해하게 되었으니, 세상과도 화해하게 되었다. 그리고 부모님, 특히 어머니와도 사이가 좋아졌다. 더 이상 나는 어머니를 원망하지 않는다. 그때는 그런 일이 벌어질 수밖에 없었다는 점도 이해한다. 그리고 세상에는 나와 같은 일이 생기는 사람이 많다는 것도 깨닫게 됐다.

오레스테스 신화에서 그는 어머니를 죽일 수밖에 없었다. 그게 그의 내면에서 결국은 확신을 주는 일이었으므로 말이다. 그리고 그는 미치게 되고, 그런 상태로 이 세상을 떠돈다. 결국 그는 자신의 행동을 스스로 책임지게 되고, 신들의 노여움이 풀리면서, 그를 괴롭히던 것은 그에게 지혜를 주는 것으로 변화된다.

나의 경우에도 그때는 마음속에 수없이 많이 어머니를 증오하고 원망하는 마음이 가득했다. 그때의 나는 그럴 수밖에 없을 정도로 허약했다. 그리고 나는 미친 채로, 즉 정신 줄을 놓고 한동안 생활했다.

그게 얼마 전까지의 내 모습이었고, 결국 선생님과의 장기간의 상담 덕분에 나는 정신증이라는 괴로운 상태를 벗어나게 됐다. 이제는 가벼운 신경증 정도의 모습을 보이고 있다. 그리고 나는 이전보다 좀 더 삶을 지혜롭게 살아가는 방도를 터득하게 된 것 같다.

어머니는 아직도 나를 완전히 놓아주지는 못한 모습이다. 여전히 나를 어린아이 다루듯이 하고, 내 인생을 너무 걱정하시고 간섭하시려고 한다. 하지만 이제는 내 자아 강도가 튼튼해져 그런 어머니의 관점에 영향을 훨씬 덜 받는다.

그리고 어머니도 외할머니의 냉담과 잔소리 속에서 성장하였음을 이해하게 됐다. 간혹 어머니에게 늦으셨어도 심리상담을 받아볼 것을 권하는데, 말씀만 하시지 실제로 행동으로는 옮기지 않는 모습이시다.

나도 이제는 부모님을 변화시키려는 마음이 적다. 사람은 누구나 외부로부터 변화되길 강요당할 때는 거부감이 드는 게 당연하다. 스스로 느껴야 사람은 변화된다는 것도 알게 됐다. 그래서 요즘은 부모님에 대한 집착이 덜하고, 있는 그대로 부모님과 잘 지내고 있다.

종교는 한때 내 주된 관심 대상이었다. 상담심리대학원 졸업 논문으로 '종교와 행복의 상관관계'를 연구하려고 했었다. 논문은 뜻대로 잘 써지지 않았다. 그 이유는 있었다. 그리고 책을 통해 종교의 의미에 대해 많이 찾아봤다.

내게 종교에 대해 큰 영향을 준 인물도 칼 융과 스캇 펙이다. 칼 융은 한 시대를 풍미한 분석심리학자답게 영혼을 울리는 목소리로 내게 종교적 믿음을 설파했다. 그에 반해서 스캇 펙은 본인이 독실한 신자답게 스스로 모범을 보여 주는 글을 통해 내게 종교적 신비로움을 느끼게 해 주었다.

특히 스캇 펙 박사는 정신의학자로서 심리상담과 종교의 관계에 대해 깊은 연구를 했는데, 이는 내게 깊은 인상을 주었다. 아마 언제가 될지 모르겠지만 내가 종교를 깊게 따르게 된다면 그것은 거의 스캇 펙 박사의 영향 덕분일 것이다. 그리고 나의 상담가 선생님 영향 때문이기도 할 것이다. 선생님이 종교인인지, 아닌지는 10년 동안 상담을 받았지만 나는 아직 알지 못한다.

스캇 펙 박사의 책 중에 『평화 만들기』라는 것이 있다. 이 책은 그의 주저 3부작과 더불어 깊은 울림을 주는 책이다. 그중에서도 『평화 만들기』는 조용하면서도 포용력이 느껴지는 책이다. 그 책은 사람을 변화시키려 하지 않지만, 나를 변화시키곤 한다.

그 책에서 인상적인 부분은 공동체에 관한 것이다. 스캇 펙 박사는 만년에 좋은 공동체 만들기에 심혈을 쏟았다. 좋은 공동체에는 여린 사람이 존재하고, 그들은 서로를 있는 그대로 즐기고 변화시키려 하지 않기에 그곳은 희망이 가득한 곳이 된다.

종교의 기능도 마찬가지로 생각된다. 그곳에는 좋은 사람이 있고, 그들은 상대를 변화시키려 하지 않고, 서로 있는 그대로를 나눈다. 그럼으로써 무신론자가 그들과 그곳을 봤을 때 거기에서 뭔가 사람을 끌어당기는 매력을 느끼게 된다. 나는 그곳이 좋은 곳이라고 생각한다.

최근에 정호승 시인의 아버지께서 번역하신 『마더 테레사의 삶 그리고 신념』이라는 책을 아주 인상 깊게 읽은 적이 있다. 난 처음에 그 책에 너무 몰입되어 마더 테레사의 열혈 팬이 되었다. 읽자마자 누군가에게 빠져든 것은 처음 있는 일이었다.

마더 테레사는 그 누구보다도 훌륭한 종교인이었다. 그녀는 어릴 적에 배운 종교의 가르침을 어른이 되어서도 변함없이 실천에 옮겼다. 인도의 가난한 사람과 함께하겠다는 약속을 죽을 때까지 지켜낸 성인이었다.

나는 그분처럼 되지는 못하겠지만, 훌륭한 모범과 영감을 받았다. 언젠가 그분처럼 살고 싶다는 열망도 있지만, 나는 아직 깊은 신앙인도 못 되고, 실천이 뛰어난 사람도 아니다. 그래도 마음에서만은 그분을 따르는 삶을 살고 싶다.

그리고 또 한 사람 빼놓을 수 없는 분이 법정 스님이다. 그분의 수필집을 읽고 있으면 그 어느 때보다 내 마음이 편안하다. 나도 그분처럼 살고 싶다는 유혹을 느낄 때가 많다. 나도 내 분야에서 그분처럼 남들에게 위안을 주는 글을 쓰고 싶다.

마지막으로 구본형 선생님도 빠트릴 수 없다. 내가 매우 외로울 때 의지할 수 있었던 분이었기 때문이다. 선생님의 따뜻한 마음을 나는 아직도 잊지 못한다. 그 누구보다 자상하고 이해심 깊은 마음을 나는 절대 잊을 수 없다.

깨우침 여섯

제2의 탄생

때로 환자들이 나에게 언제 그들의 치료가 종결될 것이냐고 묻는데, 나는 “당신 자신이 좋은 치료자가 될 수 있을 때.”라고 대답한다.

- 스캇 펙

여기서는 내담자가 치유된 모습을 이야기한다. 이제 더 이상 내담자는 자신에게 분노하지 않고 타인과 세상을 용서한다. 그들은 이제 자신에게 먼저 가장 좋은 부모가 되어서 자기를 사랑해 준다.

많은 사람이 현재를 살지 못하고 과거를 회한하거나 미래를 불안해하며 지금 여기를 놓친다. 장기간의 심리상담을 받은 내담자는 욕심이 줄어들고 결핍도 채워지므로, 자신에게서 불필요한 것에 집착하지 않는다. 그럼으로써 지금 이 순간에 집중하는 삶을 살아가게 된다.

또한, 자기 객관화 능력도 향상된다. 예전에는 자아가 허약해서 자기 외에는 되돌아볼 줄 몰랐는데 자기이해감이 높아지고, 자아가 튼튼해짐에 따라 자신의 상황을 좀 더 통합된 시각으로 살필 수 있게 된다.

그럼으로써 내담자에게는 여유가 생기고, 여유는 다시 자기를 유연하게 바라볼 수 있게 해 준다. 심리상담에 처음 올 때의 내담자는 삶에 긴장해 있었다면, 이제는 자신의 부족한 부분을 농담 삼아 표현도 할 수 있고, 여유가 있다는 표식인 유머도 사용하게 된다.

많은 내담자가 고통을 심하게 느꼈다면 장기간의 심리상담은 여유와 더불어 내담자가 자신의 삶을 덜 심각하게 바라볼 수 있도록 도와준다. 그러면서 우울했던 삶은 다시 즐거움이 가득 찬 세상으로 변화된다. 그리고 성공적인 내담자는 자신은 이전에 이와 같은 평온함은 느껴 본 적이 없다고 말한다.

마지막으로 가장 중요한 부분은 내담자의 자존감이 확연히 좋아진다는 점이다. 자존감이란 자신의 잘난 점뿐만 아니라 부족한 부분에 대해서도 있는 그대로 수용하는 마음이다. 그러면서도 자신에 대해 흔들리지 않는 마음을 갖게 되는 것이고, 진정으로 마음에 평화가 찾아오게 된다.

6장에서는 이렇게 세상과 하나가 된 내담자의 이야기를 한다. 그들은 평화로워지고, 좀 더 온정적인 사람이 된다. 자기 객관화 능력도 좋아지고, 자신을 있는 그대로 좋아하게 된다. 이것은 장기간의 심리상담이 내담자에게 줄 수 있는 최고의 선물이다.

01
분노하지 않고 용서하다

심리상담을 잘 받아온 내담자는 자신을 억누르는데 쏟던 에너지를 다른 데로 돌릴 수 있게 된다. 사람과 세상에 대해서 분노해 있던 자신의 마음도 서서히 풀리기 시작한다. 그렇게 생의 에너지를 효과적으로 사용할 수 있게 된다.

정신 치료의 좋은 점은 더 이상 내담자가 자신을 괴롭히지 않게 된다는 점이다. 분노는 우리의 성장을 가장 크게 가로막는 장벽이었다. 그만큼 우리가 건강한 삶을 살아가는 데 방해가 되는 요소였다. 그런데 이 마음이 해소된다.

사람마다 정도의 차이는 있지만, 모두 분노를 내재하고 있다. 그게 어떤 시기에, 어떻게 분출해서 나오느냐가 중요하다. 아리스토텔레스는 분노에 대해 이런 말을 한 적이 있다. "알맞은 때에, 알맞은 대상에게, 알맞게 화를 표출하라." 그만큼 분노를 적절하게 쏟아내는 게 쉽지 않다는 것이다.

분노가 많이 쌓여 있는 사람들은 자신의 인생을 파괴하기 쉽다. 이것은 우선 자신을 괴롭히지만, 타인을 향해서도 고통을 주기 때문에 사람들은 그 사람을 피하게 된다. 가장 어리석은 사람은 아무 때나 자신의 감정대로 화를 내는 사람이다. 자신이 화가 났다고 해서 화를 내는 것은 어린이나 하는 행동이다.

또한, 어리석은 사람은 자신 안에 분노가 많은 것을 알면서도 그것을 치유하지 못하는 사람이다. 불행은 행복을 파괴하기 쉽고, 분노한 사람은 주변 사람에게 그 화를 퍼트리기 쉽다. 상대는 자신도 모르게 자신이 화가 나 있는 상태를 발견하고 격분한다. 그러면서 그 분노해 있는 사람을 피하게 된다.

정신의학자 스캇 펙은 분노를 주요한 심리적 과제로 뒀다. 그는 우리가 보통 어려서 부모님에게 상처받은 걸 용서하기 쉽지 않다고 했다. 그러면서 그는 자신의 삶이 얼마나 엉망으로 굴러가는지 부모님께 보여 주면서, 당신들 때문에 내 삶이 이렇게 망가졌다고 증명해 보인다.

그만큼 분노는 자신의 삶을 망치는 주요한 요소다. 그러면서 스캇 펙은 "우리가 부모님을 용서해야지만, 우선 자신의 삶이 다시 성장해 나갈 수 있다."라고 했다. 그런데 그 용서라는 것이 매우 힘든 일임을 지적했다.

화가 나 있는 사람들은 다른 사람이 한 조금의 실수를 보고도 용서하지 않는다. 그런데 정신분석에 투사라는 용어가 있듯이 사실은 그 사람 자신이 스스로 화가 나 있기에 자신을 용서하지 못하는 모습으로 보면 된다.

애정의 양이 부족한 부모는 아이가 조금의 잘못만 해도 아이를 쉽게 다그친다. 그 부모도 사실은 자신에게 화가 나 있는 상태다. 이런 부모들은 자녀의 일에 매우 간섭하고, 자녀의 삶을 조종하려고 든다. 바로 자신의 삶이 잘 풀리지 않았기에 자녀에게 투사해서다.

한국은 화가 많은 사회다. 오죽하면 전 세계에서 오직 한국만 '화병'이란 게 있을까 싶다. 그래서 그런지 몰라도 한국은 정서적인 폭력에 상당히 무딘 나라다. 직장에서는 상사가 부하 직원에게 쉽게 화를 내고, 친구 관계에서도 자신의 화를 친구가 다 받아 줘야 하고, 연인 관계에서는 우리가 사랑하는 사이이므로 모두 용서해 주어야 한다고 생각한다.

상담 과정을 잘 거쳐 온 내담자는 먼저 자기가 자신에게 좋은 부모가 되어 준다. 그러니까 자신의 마음을 잘 다독여준다. 그럼으로써 분노해 있는 자신의 마음을 풀어 준다. 그리고 부모를 비롯해 자신과 갈등 관계에 놓였던 사람들을 진심으로 용서하게 된다.

그럼으로써 내담자는 이제 세상이 아름답게 보이고, 세상을 실컷 살아보기로 마음먹게 된다. 이전에는 사람이 귀찮고 두려웠다면 이제 그들을 포용할 수 있게 된다. 마음의 빗장이 풀렸으므로 다시 도전해 보고 싶은 삶의 과제들도 많아진다. 『사랑하라, 한 번도 상처받지 않은 것처럼』의 시처럼 다시 약동하는 자신의 삶을 느낄 수 있게 된다.

02
지금, 여기가 소중해지다

인도에 까비르(Kabir, 1440?~1518)라는 시인이 있었다. 그는 "물 속에 있는 물고기가 목말라 한다. 지금 이 순간에 만족하지 못하면 세상은 환상에 지나지 않는다."라고 말했다. 사람이 그만큼 현재에 온전히 집중하며 산다는 것은 쉽지 않다.

보통의 사람들은 과거를 원망하거나 후회하며 살아간다. 그리고 미래에 대한 근거 없는 낙관이나 불안을 지닌 채로 산다. 이것은 모두 그들의 정신이 현재에 뿌리내리고 있지 못하다는 말이다.

정신의학에는 "내담자가 '가짜 자기' 말고 '진짜 자기'를 인식할 때 치료가 상당히 진전된 것으로 본다."라는 말이 있다. 사람들은 그만큼 자기 본연의 모습을 알아차리기가 쉽지 않다. 우리는 매일 부족함을 느끼며 자신의 못난 점을 받아들이지 못하며 살아간다. 여전히 욕심이 가득하고, 자신을 열등하게 생각한다.

상담 과정을 거친 내담자는 자신의 부족한 점을 받아들이고, 자신이 다른 누군가가 될 수 없고, 따라서 자신이 될 수밖에 없다는 점을 진심으로 이해하게 된다. 이 말은 내담자의 자기 객관화 능력이 점점 좋아진다는 의미다.

자기 둘레의 삶도 잘 느껴진다. 조금씩 자연을 바라보게 되고, 하늘의 구름과 밤하늘의 달을 바라볼 수 있는 여유가 생긴다. 길거리에 피어 있는 꽃을 응시하고, 사람도 있는 그대로 받아들인다.

그전까지는 자신의 삶이 매우 부족하고 결핍된 것으로 느꼈다면, 이제는 지금 현재의 상황만으로도 충분하다는 것을 진심으로 느낀다. 사회는 사람들에게 더 많이 소유하라고 닦달하고 선전한다. 그런데 이들은 이제 자신의 삶에 불필요한 것에 마음을 두지 않게 된다.

이때부터는 자신의 삶에 정말 필요한 것이 무엇인지 잘 가려낸다. 그럼으로써 내담자들의 정신은 분산되지 않고, 현재에 몰입하게 된다. 삶의 의미에 관해 말하는 책에도 관심을 갖게 되고, 자신의 삶이 진정으로 행복해짐을 느낀다.

심리학자 미하이 칙센트미하이(Mihaly Csikszentmihalyi, 1934~)

는 몰입 연구가인데, 그는 사람들이 지금 여기에 몰입할 수 있는 조건으로 과제가 지나치게 어렵지 않고, 그 사람이 그 과제를 해결할 수 있는 적절한 능력을 갖췄을 때를 제시한다. 그럴 때 그는 최고로 몰두할 수 있다고 했다.

그런 사람은 자기 삶의 실현자가 되는데, 이들은 남의 시선이나 목소리에 덜 신경 쓴다. 그리고 자신이 관심 있어 하는 것에 그만큼 집중된 삶을 산다. 이들은 여가 활동도 수동적인 TV 시청이나 잠으로 채우지 않고, 능동적인 독서나 운동 등 주도적인 시간으로 채워 간다.

선종으로 불리는 선불교에서도 지금 여기는 매우 중요하게 다뤄졌다. 위대한 선사들은 제자들이 엉뚱한 것에 한눈을 팔고 있을 때, 화두를 던져 그들을 헛것으로부터 깨어나게 했다. 스승에게 의존하려는 그 마음을 바라보게 하고, 자기 인생의 과제를 자신의 있는 그대로의 상태에서 찾게 도와주기도 했다.

명상 수필로 유명했던 법정 스님도 지금 이 순간을 살아갈 것을 항상 강조했다. 그는 관념에서 벗어나 자신이 하루에 했던 일들로부터 글쓰기의 소재를 찾았다. 그래서 그의 글에는 지식과 이성의 흔적이 덜 보이고, 펄펄 살아 숨 쉬는 자연의 소리를 들을 수 있다.

또한, 법정 스님의 글을 읽으면 이전보다 삶이 단순하고 간소해짐을 느끼게 된다. 그동안 자신의 마음이 각박하고 조급했음을 알아차리게 된다. 그럼으로써 독자는 기존의 복잡했던 자기 삶의 둘레에서 벗어나, 일상의 정리할 수 있게 되고 삶을 다시 살아가고픈 마음으로 마음이 가득 차게 된다.

심리상담이 내담자에게 줄 수 있는 것도 이제 더는 불필요한 것에 관심을 덜 쓰고, 현재 자신의 삶을 이루고 있는 것을 정확하게 바라보게 도와주는 것이다. 이제는 일 중독에서 벗어나 관계에 더 많은 관심을 쏟게 되고, 소홀했던 부모님과의 관계도 회복한다. 그럼으로써 내담자는 자신의 인생이 삶의 중심과 제대로 맞물려 돌아간다고 느끼게 된다.

03
자기이해감이 향상되다

마음을 치료한다는 것은 자기 자신을 정확하게 이해해 나간다는 의미이다. 동서양의 현자들은 항상 헛것에서 깨어나 자신을 있는 그대로 바라볼 것을 우리에게 주문한다. 더구나 현대 사회는 우리의 정신을 분열시키고 있는데, 내담자들은 그 마음을 통합시켜 간다.

통합과 균형은 동양 사회에서 보편적으로 다뤄 온 주제다. 공자는 읽는 것에서 그치지 말고, 거듭 생각하고 깨칠 것을 주문하면서 통합을 이야기했다. 노자는 사람들에게 불필요한 것에만 집착하지 말고, 자연과 하나 됨으로써 균형을 이룰 것을 주장했다.

많은 심리학자가 정신이 건강해진 모습에 대해 연구했다. 아브라함 매슬로(Abraham H. Maslow, 1908~1970)는 욕구 위계 이론으로 자기통합을 이룬 사람의 모습을 이야기했다. 사람은 처음 생존의 욕구를, 다음으로는 안정과 사랑의 욕구, 그리고 소속의 욕구를 느끼고, 마지막으로 자기실현의 욕구를 추구하게 된다고 했다.

그러니까 자기실현은 모든 심리학자가 말하는 최종 단계다. 상담 과정에 열심히 참여한 내담자도 같은 모습을 보인다. 이들은 인생의 과제를 무언가를 이루는 것에 두지 않고, 그저 그 자체에 몰두하고 그 순간을 즐기는 것에 둔다. 그럼으로써 그들은 그 일과 혼연한 일체가 된다.

오레스테스라 불리는 자의 신화가 있다. 그는 자신의 선조에게 내려진 신의 저주를 온몸으로 맞게 된다. 그의 아버지는 아가멤논인데, 어머니가 아버지를 죽이게 된다. 그가 살던 시절은 아버지를 죽인 자에게 복수할 것이 주문되던 시절이었다.

그는 복수하자니 어머니를 죽여야 하고, 그렇다고 복수하지 않자니 복수하지 못하는 자신을 받아들일 수 없었다. 그는 오랜 고심 끝에 결국 어머니를 죽인다. 그리고 그는 미친다. 자신의 어머니를 죽인 탓에 그렇게 되지 않을 수 없었던 것이다.

이제 신들의 재판이 열린다. 오레스테스 가문에 저주가 내린 것과 그에게 너무 가혹한 일이 벌어졌다고 신들은 그를 변호한다. 그런데 그때 오레스테스는 그 상황을 자신에게 주어진 일로 받아들이지 않고, 그 자신이 모든 행동을 했음을 말한다.

신들은 놀랐다. 인간은 한 번도 자신의 행동에 스스로 책임지는 모습을 보이지 않았기 때문이다. 어머니를 죽인 오레스테스에게는 퓨리스라는 정신병의 모습으로 보아도 좋을 안 좋은 영이 따라다니며 그에게만 들리는 말을 건다.

신들은 합의를 거쳐 오레스테스에게 내려진 퓨리스라는 존재를 사라지게 해 준다. 그리고 오레스테스는 병이 낫는다. 그에게 괴로움을 주던 것은 이제 그에게 지혜를 주는 것으로 변화된다. 이것은 그리스 신화에 나오는 이야기다.

정신 치료도 이와 같다. 처음에는 내담자가 갈등에 사로잡혀 괴로운 형벌이 주어진 것만 같다. 그런데 치료를 잘 받음으로써 내담자는 치료 과정에서 그를 괴롭히던 것이 결국은 나쁜 것만이 아니었음을 깨닫게 된다. 그럼으로써 그는 삶을 잘 살아갈 방도를 터득하게 된다.

허약했던 자신의 이전의 모습을 깨닫고 이제는 자아 강도가 강해진다. 예전에는 분열되어 있던 정신이, 온전하게 통합되는 모습도 나타난다. 자기가 누군지 있는 그대로 잘 보이고, 앞으로 자신의 인생을 어떻게 살아가야 할 것인지도 잘 인식하게 된다.

04
여유와 유머가 생기다

심리상담에 오는 내담자들은 보통 유머를 잘 사용하지 않는다. 그들의 삶이 그만큼 힘들어서이기도 하고 그들은 화가 나 있는 상태여서 사람과의 관계에서 부드러운 모습을 보이지 않는다. 그런데 치료가 어느 정도 진척되면 그들의 마음에는 여유가 생긴다.

그전에는 누가 자신을 쉽게 보고 이용하지는 않는지 주변을 주시하며 자신을 단속했다면, 이제는 스스로 자신을 먼저 농담의 소재로 이용할 수 있게 된다. 자신의 약한 모습을 있는 그대로 내보인다는 것은 대단한 용기가 필요하다. 그런데 그들은 이제 있는 그대로의 자신에 만족한다.

정신 치료에 이런 말이 있다. "자아 강도가 강해지기 전에는 자신을 휘두르려는 사람과 만나지 말라." 자신이 강해지면 상대가 아무리 자신을 괴롭히려 하더라도 더 이상 그 행동은 내담자에게 해를 가할 수 없다.

약한 강아지가 시끄럽게 짖을 뿐이다. 정말 강한 강아지는 쉽게 짖지 않는다. 강한 개는 상대를 한번에 제압한다. 사람도 마찬가지인 것이, 약한 사람이 말이 많고 상대를 건드리며 응수를 타진하지만, 정말 강한 사람은 무덤덤하고 상황이 되면 단번에 제압한다.

장자에 목계 이야기가 나온다. 옛날 중국에 기성자라는 사람이 있었다. 그는 싸움닭을 키웠는데, 왕이 싸움닭을 준비시키는 과정에서 그에게 닭이 준비되었느냐고 묻는다. 그런데 그는 닭이 상대를 보면 싸우려 드는 모습으로 볼 때 아직 준비가 안 되었다고 대답한다. 시간이 지나서 왕이 그에게 또 묻는다. 그런데 그는 아직도 준비가 안 되었다며 그 이유로 닭이 상대를 보면 눈빛이 살아난다는 것을 들었다. 또 시간이 지나 왕이 그에게 묻는다. 그러자 그는 이제 준비가 되었다면서 닭이 상대를 봐도 전혀 미동도 하지 않는다고 답한다.

이 이야기에서 알 수 있는 것은 우리의 마음이 준비가 안 되었을 때, 우리는 쉽게 조급해지고 다투려는 마음이 든다는 거다. 그런데 우리가 준비가 되면, 즉 마음에 여유가 생기면 나를 돌아볼 수 있고, 상대와 함께 주변 환경도 훤히 잘 보이게 된다.

심리상담에 처음 온 내담자들은 상담가 앞에서 주눅 든 모습을 보인다. 상담 과정에서 상당한 시간이 지나도 그 모습은 잘 변화되지 않는다. 그런데 어느 정도 시간이 지나고 치료가 되면, 내담자는 상담가에게 농담도 하게 되고, 장난도 치면서 아이 같은 모습을 보인다. 마음의 긴장이 풀렸다는 말이다.

내담자 중에는 지배적인 어머니로 인해 사람답게 성장하지 못하고, 관리되는 모습을 나타내기도 한다. 즉, 그들은 그렇게 길러진 것이다. 지배적인 부모는 아이가 자신이 되는 것을 허용하지 않고, 부모가 원하는 대로 행동할 것을 주문한다.

많은 내담자가 유머를 사용하지 못하는 것도 진정한 자신과 맞닿지 못해서다. 그리고 이들은 자라면서 학창 시절과 청소년 시절, 성인 초기를 거치며 자신이 없고 외롭게 지내 온 탓에 사람과의 관계에서 여유를 가질 수 없다.

심리상담의 좋은 점은 상담가가 내담자의 부모와 다른 모습을 보여 준다는 것에 있다. 상담가는 내담자에게 허용적이고, 그들이 무엇을 하든지 지지해 준다. 이것은 내담자들이 이전에는 결코 받아보지 못했던 인간적인 대우다.

그래서 이들은 상담이 잘 끝났을 때, 상담가 선생님에게 이렇게 말을 하곤 한다. "선생님은 저를 인간답게 존중해 준 유일한 사람이었어요." 혹은 "선생님은 제가 저 자신이 될 수 있도록 용기를 준 사람이었어요."라는 말이다.

약한 상태에 있는 사람은 유머를 사용할 수 없다. 그만큼 자신의 삶이 위협적으로 느껴지고 절박하기 때문이다. 상담을 잘 받은 사람은 이제 마음이 가벼워져 삶을 더 이상 심각하게 생각하지 않는다. 자신도 그냥 평범한 사람들 중의 한 명으로 받아들이게 된다.

05
평온해지고 즐거워지다

내담자들은 살아오면서 즐거움은 경험하게 되지만, 상담 과정을 통하면 이전에는 결코 경험해 볼 수 없었던 마음의 안정, 그러니까 평화롭고 온정적인 마음을 느끼게 된다. 이것은 어떠한 과정으로도 쉽게 경험할 수 없는 것이다.

장기간의 심리상담이 내담자에게 줄 수 있는 최상의 점이 바로 이 평온함이다. 언제나 세상은 시끄럽고 복잡하게 돌아가게 마련인데, 상담을 잘 받아 온 내담자는 그 바깥의 공해에 휘말리지 않고 자신의 중심을 지켜나간다.

"나는 내일 세상의 종말이 찾아온다고 하더라도 오늘 한 그루의 사과나무를 심겠다."라고 말한 철학자 스피노자(Baruch de Spinoza, 1632~1677)의 일생은 참으로 힘겨웠다. 그는 촉망받는 유대 신학자였는데, 어느 날 "신은 육체를 가지고 있을지도 모른다. 그리고 우리가 믿고 있는 신은 없을지도 모른다."라는 연구를 밝혀낸다.

그 후 그에게는 주어진 시련은 유대 사회로부터 추방당하는 일이었다. 아버지는 그를 가문에서 쫓아냈고, 여동생은 그의 증오했으며 그의 유산을 가로챘다. 그리고 그는 어느 날 밤길을 걷던 중에 어느 괴한에게 칼질을 당하기도 했다.

그러나 스피노자는 결코 약한 사람이 아니었다. 그는 다른 나라로 쫓기다시피 도망가서 안경을 만드는 일을 하며 계속 자신의 철학적 연구를 했다. 그렇게 그는 촉망받는 유대 신학자 중 한 명에서 근대 최고의 철학자로 이름을 떨치게 된다.

그가 그럴 수 있었던 것은 그의 삶을 위협으로 느끼지 않고 어려움 속에서도 평온한 일상을 살아냈기 때문이다. 보통 사람들은 잔인하고 가혹한 일을 겪으면 성격이 괴팍해지는데, 다행히 스피노자는 온정적인 사람이 되었다.

그가 하숙하는 노부부도 그의 평온함을 사랑했다. 누군가 그에게 예전으로 다시 돌아가면 어떤 선택을 하겠느냐고 물었는데 그는 대략 이렇게 답했다. "삶에서 진실은 무엇보다도 중요합니다. 저는 지금의 삶에 충분히 만족하고 더 바라는 것은 없습니다."

스피노자는 현재의 자신의 삶에 대해 만족했던 것이다. 그가 진정으로 바라던 것은 거짓된 믿음이 아니라, 실체적인 학문의 진실이었기 때문이다. 결국 역사는 그의 진심을 알아줘 그의 고향에는 그를 기리는 동상이 세워지기에 이른다.

내담자의 삶도 마찬가지다. 처음에는 상처받아 온통 멍투성이인 정신으로 상담가 선생님을 찾아오지만, 그들은 끝내 해낸다. 세상과 사람들을 용서하고 자신을 치유한다. 그럼으로써 보다 따뜻한 사람이 되어 가고, 평화롭게 하루를 산다.

"벽에 앉았던 파리가 다시 걷기 시작했고, 부엌에서 불길이 다시 타면서 음식을 익히기 시작했다. 고기는 다시 지글거렸고, 요리사가 설거지하는 소년의 귀에다 대고 식기를 두드려 소년이 비명을 질렀다. 하녀는 닭털을 다 뽑은 참이었다." 그렇게 그들의 삶은 다시 생기가 돌기 시작한다. 한동안 적막했던 그들의 인생은 즐거움으로 가득 차게 된다.

많은 내담자가 공통으로 보이는 패턴이 있다. 삶의 초기에는 즐거움이 많았다. 물론 삶은 괴로움을 수반하기에 그런 일도 많다. 그러다 그들은 인생의 중엽에 우울증을 앓게 된다. 그런 모습으로 상담가 선생님과 만난다. 그런데 장기간의 상담을 잘 마친 이들은 삶이 다시 즐거워지기 시작한다.

신기하게도 인생은 한 번 깊이 인생의 우울이란 강물에 흠뻑 적신 뒤에 나오지 않으면 즐거움을 되찾을 수 없게 되어 있다. 『탈무드』에는 "너희는 앞서간 자들이 당한 시련도 겪지 않고 지복의 낙원에 들어가려 하느냐?"라는 말도 있다.

고통으로 자신을 단련하지 않은 허약한 사람이 가질 수 있는 행복의 정도는 낮다. 그래서 많은 신화와 종교에서 우리에게 주어지는 시련은 벗어나야 하는 게 아니라, 우리의 영적 삶의 고양을 위해서 꼭 필요한 것이라고 말한다.

철학자 니체도 같은 이야기를 했다. 자신의 삶의 방식을 바꾸지 않고는 병이 낫지 않는다. 고통을 다르게 느끼는 감각이 우리의 삶을 고양한다. "나는 너희에게 이전의 아무도 말하지 않았던 진리를 말하려고 한다. 바로 즐거움이라는 것을."

「황무지」로 유명한 시인 T. S. 엘리엇(Thomas Stearns Eliot, 1888~1965)도 같은 이야기를 하고 있다. 그는 삶으로 힘겨워하는 사람들에게 시를 썼다. 시 제목이자 내용은 '칵테일 파티를 열지 않으시렵니까?'이다. 즉, 어려움이 다한 내담자의 삶은 이제 충만해진다. 사람들과 더 즐거움을 나누고 싶어지고, 자신이라는 존재에 한층 더 다가선다.

06
자기 존재감이 고양되다

독일 중세의 궁정 서사 시인 볼프람 폰 에센바흐(Wolfram von Eschenbach, 1170~1220?)가 쓴 대서사시인 『파르치팔』에는 이런 이야기가 나온다. 파르치팔의 가문은 왕족인데 그의 어머니는 아버지가 잔인하게 죽자 어린 그와 함께 시골에서 살게 된다. 그곳에서 파르치팔은 자신의 가문도 모르고 그저 천진난만하게 자란다. 꽃과 나무와 대화하며 그렇게 순수한 영혼이 된다.

그러던 어느 날 그는 산속에서 뛰어놀다 말을 타고 지나가는 기사들을 만난다. 그는 그들을 무척 신기롭게 생각했다. 그래서 집으로 돌아가 어머니에게 그들이 누구냐고 묻는다. 어머니는 아무런 대답을 해 주지 않았다.

파르치팔도 이제 나이가 청년이 될 즈음에 이르자 어머니로부터 떠나 세상을 탐험하고 싶어졌다. 그러자 그의 어머니는 파르치팔을 바보처럼 옷을 입혀서 여정을 떠나게 했다. 그가 여정을 떠나자마자 어머니는 죽었다고 이야기는 전한다.

그는 말을 타고 돌아다니다 어느 노인을 만나게 된다. 그 노인은 파르치팔에게 "이제 어머니에 대해서 말하는 것은 그만하게. 그리고 자네는 너무 나이에 걸맞지 않게 어린아이처럼 말을 하네."라고 말하며 파르치팔을 멋진 기사로 길러낸다.

이 이야기는 성배왕에 관한 궁정 소설로 볼프람 폰 에센바흐라는 옛 시인이 쓴 것의 도입부다. 이것을 말하는 이유는 우리는 누구나 처음에는 볼품없는 사람에게서 출발하여, 위대한 스승의 도움을 받아서 자기 존재감을 찾아가게 된다는 것을 이 이야기가 훌륭하게 전해 주기 때문이다.

파르치팔은 결국 불구가 된 성배왕을 치료하고 자신이 성배왕이 된다. 그가 그럴 수 있었던 것은 먼저 그는 선량하고 정직했으며, 자기 마음의 소리를 배반하지 않았기 때문이다. 그리고 자기 천복의 길을 갔기 때문이다.

많은 내담자가 위와 같은 과정을 거친다. "신은 깊은 곳에 나를 숨겨 두었으니, 신이 감추어 둔 나를 찾는 날, 나는 승리하리." 그들은 암흑에 둘러싸인 자신의 존재를 받아들이지 않고, 끝내 용기를 내어 자기 자신을 찾아낸다.

이는 모든 신화가 이야기하는 바다. 내 존재가 제대로 된 것인지, 아니면 엉뚱한 존재인지 모르겠다. 내가 바라는 것이 제대로 된 것인지, 엉뚱한 것인지 모르겠다. 그러나 내가 어떤 일에 천복을 느끼는지 그것은 안다. 그래 이 천복을 물고 늘어지자. 그들은 이렇게 자신의 마음에 주술을 걸고 결국 자기 존재와 화해하게 된다.

심리상담의 마지막 과정에서도 내담자에게 요구되는 것이 바로 용기다. "자네는 대뜸 베스트셀러 작가가 되고자 하는가? 아니면 10년이고, 20년이고 기다릴 수 있겠는가? 자네가 좋아하는 것만 붙잡고 살면 행복하다 싶겠거든, 그 길을 가게." 그러나 많은 사람이 현실의 벽에 두려워하며 용기를 내지 못한다.

장기간의 상담 과정이 내담자에게 줄 수 있는 이점이 바로 이것이다. 그들은 자신 안에 존재하는 용과 맞설 용기를 낸다. 바로 조력자인 상담가의 도움을 통해서다. 신화에 나오는 아리아드네의 실이나 용에 맞설 조언과 호부를 전해 주는 노인이 되어 주기도 한다.

신화에 보면 페르세우스는 무시무시한 메두사의 목을 쳐 없애 황금 양털을 얻고 귀환한다. 그가 그럴 수 있었던 것도 신들의 도움을 받았기 때문이다. 우리가 스스로 할 수 있는 것은 제한되어 있다. 물론 뛰어난 자들은 혼자서도 할 수 있겠지만, 현실에서 고통을 받는 많은 사람은 상담가의 도움으로 도약을 이룬다.

그 길을 가게 되는 내담자들은 이제 자기의 약점과 강점, 그리고 자기 둘레의 모습이 있는 그대로 보인다. 이들은 이제 저절로 용기가 돋아나며, '너는 해야 할지니.'라는 사회적 압력을 이겨낸다.

요즘 사회에서 화두가 되는 자존감도 한층 고양된다. 자기 존재감이란 것은 자기의 강점만 받아들이는 태도가 아니다. 자신이 이러저러한 약점이 있음에도 불구하고 자신을 긍정하는 마음이다. 그들이 그럴 수 있는 것은 자신의 한계점과 조우한 경험이 있기 때문이다.

이제 그 내담자들은 삶에 거칠 것이 없어지고, 누구나 쉽게 지닐 수 없는 보편적인 교양을 얻게 된다. 마음에 사랑이 가득해서, 사랑이 결핍된 세상에 그 마음을 전해 줄 수 있는 따뜻한 어른이 된다. 좀 더 세상을 사랑하게 되고, 그럼으로써 이 세상은 저절로 아름다워지게 된다.

깨우침 여섯 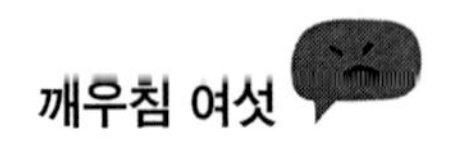

나에게도 일어났던 일 ❻

나도 더 이상 나를 억압하는 데 에너지를 쓰지 않고, 다른 유용한 곳으로 에너지의 방향을 돌리면서 내 삶에 더욱 활력이 생겼다. 그동안 부모님을 탓하고 원망했다면 이제는 그런 일은 누구에게나 일어날 수 있고, 마음속으로부터 부모님을 용서하게 됐다.

한때는 나도 내 인생이 무너졌다는 절망과 어머니로부터 그 원인이 시작되었다는 분노에 깊이 빠져 있을 때가 있었다. 그래서 "내 인생이 얼마나 엉망진창인지 보세요!"라는 절규의 목소리를 낸 적도 있는 것 같다.

다행히 나는 선생님의 사려 깊은 치료 속에서 상태가 호전되어 갔다. 그런데 그 과정에 도달하기는 여간 쉽지 않았다. 먼저는 내가 어떤 상태에 놓여있는지 잘 깨달을 수 없을 정도로 혼란스러운 단계를 지나야 했고, 다음으로는 나는 더 이상 앞으로 전진할 수 없다는 이유를 들면서 치료에 저항했다.

앞서 이야기했지만, 나의 열등감과 수치심은 깊다. 또 나의 인정받고자 하는 욕구는 정말 심했다. 이런 나는 단시간에 좋은 변화를 나타내지 못했다. 심리상담은 상담가가 내담자를 끝까지 믿어 주는 과정이라고 스스로 정리할 정도로 선생님은 나에게 끝없는 신뢰를 보여 주셨다.

그렇다고 선생님이 직접적으로 어떠한 행동을 하신 것은 아니다. 다만, 내가 상담을 받으러 갈 때마다 나에게 필요한 최적의 관심일 보여 주신 것 같고, 내 말을 정말 진지하게 경청해 주었을 뿐 아니라 정성을 다해 나를 돌봐주신다는 것을 내가 느낀 것이다.

그랬더니 반항하고 절망했던 내 마음은 저절로 치유되어 갔다. 치료는 상담가가 할 수 있는 게 아니라고 했다. 상담가는 다만 내담자와 치료적인 온정적 관계를 맺음으로써 상담실을 매우 안전하고 내담자가 자신을 돌아볼 수 있는 공간으로 만들어준다.

어느 날 내 안의 분노가 많이 사라졌는지 나는 예전에 운영하던 불편한 진실을 말하는 사이트에 대해서 더 이상 이야기를 하지 않는 나를 발견하게 됐다. 그 대신 "지금 있는 그대로의 삶이 편한 거 같아요." 혹은 "이제는 공허감이 덜 해졌어요."라고 선생님께 내 상태를 말하곤 했다.

우리에게 상처 입힌 사람을 용서하기는 쉽지 않다. 인간의 생존 본능이기 때문이다. 그러나 장기간의 심리상담을 받은 내담자는 상담가로부터 깊은 믿음과 함께 치료를 받기에 결국은 용서하게 된다. 우리가 용서만 할 수 있어도 정신과적 질환은 많이 치료될 것이다. 그만큼 용서는 쉽지 않다.

한때 선종의 선사들에 심취했던 때가 있었다. 어느 날 우연히 오경웅이 저작한 『선의 황금시대』라는 선사들의 어록과 자취가 담긴 책을 읽게 되면서부터였다. 그리고 법정 스님의 수필집을 읽을 때도 간혹 그분들을 접했다.

그분들이 한결같이 말하는 것은 허상에 잡혀 있지 말고, 지금 여기에 집중하라는 것이었다. 이것은 말이 쉽지, 대체 제대로 이해하기에는 오리무중이었다. 왜 우리는 허상에 붙잡힐까? 어느 분은 이것을 "사람은 저마다의 왜곡된 필름을 돌리며 산다."라고 표현한다.

그 이유는 여러 번 이야기했지만, 어려서 우리가 자라게 된 가정환경에 그 원인이 있다. 아이들에게 부모님은 세계의 전부를 의미한다. 부모가 불투명한 시각으로 세상을 바라볼 경우, 그 속에서 자라게 되는 아이들도 필시 그런 상태로 세상을 인식하게 된다.

자신이 불투명한 시각으로 세상을 인식한다는 것은 스스로 인지하기는 어렵다. 그래서 우리는 거울처럼 반사 대상이 되어줄 상담가가 필요한 것이다. 장기간의 심리상담이 의미가 있는 것은 쉽게 인지할 수 없는 것을 결국 깨닫게 된다는 점에 있다.

나의 경우에도 마찬가지였다. 나는 어머니와의 갈등과 사회 공포증의 모습을 보여서 심리상담을 시작했다. 그런데 선생님과 상담하면 할수록 내 안에 지니고 있는 심리적 문제는 그리 단순하지가 않다는 것을 알게 되었다.

인간이라는 존재가 단순하지 않고 복잡다단한 것처럼 내가 지닌 심리적 문제도 여러 가지가 혼잡하게 뒤섞여 있었다. 성격장애 유형만 보더라도 나는 여러 가지에 속하는 느낌이다. 그만큼 우리가 상처는 깊고, 그것은 장기간의 심리상담을 통해서 깨달을 수 있는 것이다.

나는 10년 동안 심리상담을 받고 있다고 말했다. 나의 경우에는 1회에 50분씩 이뤄지는 심리상담을 받은 것은 아니다. 초기에는 30~40분 정도 상담을 받았지만, 뒤로 갈수록 더 짧게 받을 때도 있었고, 요즘은 길게 상담을 나눠도 20분이 채 안 되는 것 같다.

선생님께서 운영하시는 정신건강의학과 의원이 그때마다 오는 내담자 중심으로 상담하는 시스템이기도 하고, 나의 경우에는 일상의 고민이나 답답한 부분에 대해서 요즘 상담을 나누고 있기도 해서다.

시간과 금전적 여유가 있는 분들은 정신분석을 받아도 좋고, 1회에 50분씩 이뤄지는 심리상담을 받아도 좋을 것이다. 나의 경우에는 금전적 여유가 허락하지 않았지만, 나는 선생님과의 상담이 좋고 선생님이 편안하게 느껴지고 믿음이 가서 오랫동안 치료를 받고 있다.

선의 선사 이야기를 이어서 하면, 나는 조주라는 분이 좋다. 그분의 스승이 남전이었는데 그 둘은 호흡이 척척 맞았다. 어느 날은 조주가 부엌에 들어가 연기를 잔뜩 피우며 "불이야!" 하고 소리를 질렀다. 대중들은 깜짝 놀라서 지켜만 보고 있었다. 그때 스승 남전이 문틈으로 열쇠를 건네줬다.

이 사건이 의미하는 바는 모든 문은 안에서 열려야 하며, 배움도 스승이 대신해줄 수 있는 것이 아니라는 점이다. 모든 깨달음은 안에서 스스로 열어젖혀야 하는 것이다. 스승 남전은 깨달음을 묻는 말에 "평상심이 도다."라는 말을 조주에게 남겼다.

우리가 일상생활에서 하는 모든 활동에 깨달음의 요소가 있다는 것이다. 지금, 여기에 모든 것이 완벽하게 갖춰져 있다. 다만, 우리가 헛것을 보고 있어서 느끼지 못할 뿐이다. 여기 의자에, 여기 책상에, 모든 것이 온전하게 이뤄져 있다.

심리상담의 궁극적 지향점은 무엇일까? 언제 치료가 종결될까?

그중 하나가 자기이해감이 이전과 비교해서 좋아질 때다. 동양에서는 예전부터 자연과 인간의 조화와 균형을 소중하게 여겼다. 그런데 서구 문명이 들어오면서 우리는 자연을 상생을 이뤄야 하는 것으로 보지 않고, 무차별적으로 생산하고 개발하는 것으로만 간주했다.

그러면서 우리 동양인의 사람다움이 빛을 잃어가기 시작했다. 공자의 유교와 노자의 도교는 만물의 통합을 이야기했다. 그런데 현대인은 바쁘게 돌아가는 사회 속에서 정신이 무너지고, 일상이 지루하게 흘러만 가며, 자연과는 분열된 상태로 살아간다.

나의 경우에도 다르지 않았다. 오로지 성공을 향해 나의 이성만을 발달시킬 뿐이었다. 그럴수록 나의 삶은 더욱 분열되어 가기만 했다. 인간의 뿌리인 자연과 맞물려 돌아가지 못하고 허상 속에서 세상을 살아갔다.

책을 계속 읽어도 같은 상태였다. 나의 일상생활을 변화시키지 않고 책만 무진장 판다고 해서 되는 일이 아니었다. 책은 나에게 분별 의식만 키워 줬다. 법정 스님의 말로는 책은 분별지라고 하였다. 진정한 지혜는 구분하지 않는 무분별지 상태라 하셨다.

나는 그렇게 책만 읽다 지쳐서 선생님을 찾아가 자주 나의 이야기를 늘어놓고는 했다. 선생님은 혼자서만 생각을 많이 할 경우에는 머릿속이 실타래처럼 엉클어질 수 있다고 했다. 그래서 누군가에게 이야기하며 우리는 생각을 잘 풀어갈 수 있다고 하셨다.

분열되고 구분되던 나의 습관도 많이 좋아졌다. 이제는 통합적으로 세계를 이해하려고 한다. 예전에는 열등감으로 인해서 세상을 바라보는 나의 시각이 좁았다면, 상담을 오래 받으며 자존감이 높아지면서 이제는 있는 그대로 사물을 인식하려고 한다.

나의 경우에는 '심리상담이 언제 종결될까?'라는 물음을 속으로 오랫동안 간직했다. 선생님께는 아직 한 번도 그것에 관해서 묻지 않았다. 내가 그동안 책에서 읽고 깨닫게 된 바로는, 좋은 부모가 될 수 있으면 종결될 수 있지 않을까 생각하게 됐다.

부정을 거친 후 나도 세상을 다시 긍정적으로 보게 되었다. 그러니 세상이 다시 귀여워졌다. 상처를 받고 한참 동안은 사람의 단점이 먼저 보였다면, 이제는 그저 평범한 한 사람으로 느껴질 뿐이다. 나의 색안경이 달라졌기 때문에 가능한 일이다.

책도 마음의 여유를 돌볼 수 있는 것으로 찾아서 보게 되고, 사람과의 갈등이 줄어들었다. 여전히 잘 못하지만 내가 먼저 농담을 던지게 됐고, 삶을 희극으로 느끼게 됐다. 찰리 채플린(Charles Chaplin, 1889~1977)은 "인생은 가까이에서 보면 비극이고, 멀리 떨어져서 볼 때는 희극이다."라고 했다.

그만큼 내 안에 여유가 생겼다는 것이고, 이것은 나를 자유롭게 해 주었다. 예전에는 꼭 어떻게 해야 할 것만 같았고, 인생에는 정답이 있을 것만 같았다. 그러나 이제는 되도록 자연스럽게 나를 풀어 주고, 삶을 살아간다는 그 자체에 의미를 두려 한다.

상담 시간에도 처음에는 선생님께 바짝 긴장하고, 자신을 이상하고 독특한 존재로 느꼈다면 이제는 그런 인식은 거의 사라졌다. 상담실과 선생님은 여전히 내게 아주 편한 곳이기도 하지만 때로는 나를 무섭게 돌아보는 장소이기도 하다.

내 안에 있던 긴장의 고삐가 풀리면서 그리고 불안이 줄어들면서 내게 삶은 다시 즐겁게 느껴지기 시작했다. 우리가 삶을 즐기지 못할 이유는 없다. 두려움이 우리의 앞을 막아서고 있기 때문에 우리는 지금 이 순간을 놓치고 있다. 나의 경우에도 그랬다.

하지만 두려움이 조금씩 걷히면서 생의 열정은 다시 충만해져갔다. 다시 삶을 신나게 살아 보고자 하는 에너지로 넘치게 되었다. 실컷 세상을 살아 보고 싶은 마음보다 건강한 정신은 없다. 그것이 바로 젊고 건강한 상태이기 때문이다.

세상에는 즐거운 일이 무척 많다. 지금 내가 좋아하는 글쓰기를 할 수 있다는 것 자체만으로도 감사한 일이다. 목이 마르면 커피를 마실 수도 있고, 피곤하면 음악을 틀어놓고 침대에 누워 한가함을 즐길 수도 있다.

우리에게 부족한 것은 돈과 명예 그리고 성공이 아니라 지금을 즐길 수 없는 마음의 상태이다. 거기에서 해방되어야 삶을 즐길 수 있다. 장기간의 심리상담은 나에게 부족하면 부족한 대로 즐기게 해 주었고, 불필요한 집착에서 벗어나게 도와주었다.

또한. 상담 과정을 통해서 고요한 선생님의 내면과 자주 접할수록 나의 마음도 평정을 찾아갔다. 마음의 평온은 심리상담이 내담자에게 가져다줄 수 있는 최고의 선물 중 하나이다. 우리는 보통 욕심과 집착 때문에 평화로운 마음을 잘 간직할 수 없다. 그런데 선선하고 한적한 선생님의 기운을 접하며 나의 평정심은 좋아졌다.

우리가 자신의 천복을 찾을 수 있는 과정에서도 떠들썩하게 들뜬 상태가 아니라, 산책할 때라던가 조용히 무언가에 몰두할 때의 평화로운 마음속에서 그것을 잘 느낄 수 있다고 했다. 진정한 행복은 평온 속에 있음이 틀림없다.

또한, 상담 과정을 통하면 자기 존재감이 좋아진다. 보통의 내담자는 칭찬과 인정을 별로 받아본 적이 없을 정도로 존재감이 희박한 사람들이다. 나의 경우에도 그랬다. 부모님으로부터 칭찬과 인정을 받은 적이 거의 없다.

나의 열등감과 수치심은 깊어서 나를 자꾸 부족한 존재로 느끼곤 했다. '다음 단계로만 넘어가면 내가 열망했던 삶이 열릴 거야.'라는 환상을 스스로 주입하며 현실의 고통을 극복해 나가야 했다. 그렇게라도 하지 않으면 지금 나의 모습을 견딜 수 없었기 때문이다.

이제는 남들의 시선에 덜 구애받게 되었다. 남의 인정을 받는 것도 중요하지 않게 되었다. 중요한 것은 내가 나를 인정해 주는 것이고, 정말 내가 좋아하는 사람의 인정을 받으며 살아가면 그만이라는 것을 알게 되었기 때문이다.

한 마디로 용기가 있는 사람으로 재탄생하게 된 것이다. 심리상담을 받으면 보통 제2의 탄생을 이루게 된다고 한다. 나를 낳아 준 이는 어머니지만, 나를 길러준 이는 나의 상담가가 된 것이다. 그만큼 생의 초기에 결핍되었던 점을 상담 과정을 통해 보완하고 치유받게 된다.

세상에 사랑이 많이 부족하다고 한다. 사랑은 받아야지만 줄 수 있다. 10년 동안 장기간의 심리상담이 내게 주었던 최고의 기쁨도 내가 다시 사랑할 수 있는 사람이 되었다는 것이다. 따뜻한 마음으로 이웃에게는 친절하게, 자라나는 아이들에게는 사랑을 줄 수 있는 사람이 된 것이다.